teoria LITerária 1

teoria LITerária 1

1. *Por que estudar literatura?*
Vincent Jouve

2. *Bakhtin e o cronotopo*
Nele Bemong, Pieter Borghart, Michel De Dobbeleer,
Kristoffel Demoen, Koen De Temmerman, Bart Keunen [orgs.]

3. *O que é crítica literária?*
Fabio Akcelrud Durão

4. *Metodologia de pesquisa em literatura*
Fabio Akcelrud Durão

5. *Ensinando literatura: a sala de aula como acontecimento*
Fabio Akcelrud Durão, André Cechinel.

6. *Sobre essas coisas feitas de palavras: sete conversas com Fabio Akcelrud Durão*
Fabio Akcelrud Durão

Vincent Jouve

POR QUE ESTUDAR literatura?

Tradução
Marcos Bagno
Marcos Marcionilo

Título original: *Pourquoi étudier la littérature?*
© Armand Colin, 2010
www.armand-colin.com
ISBN: 978-2-200-24989-2

Edição brasileira:
Editor: Marcos Marcionilo
Capa e projeto gráfico: Andréia Custódio
Revisão: Karina Mota

CIP-BRASIL. CATALOGAÇÃO NA FONTE
SINDICATO NACIONAL DOS EDITORES DE LIVROS, RJ

---

j76P

Jouve, Vincent
Por que estudar literatura? / Vincent Jouve ; Marcos Bagno e Marcos Marcionilo, tradutores. - São Paulo : Parábola , 2012.
23 cm. (Teoria Literária)

Tradução de: Pourquoi étudier la littérature?
Inclui bibliografia
ISBN 978-85-7934-052-9

1. Literatura - Estudo e ensino. 2. Literatura - História e crítica. 3. Leitura - Aspectos psicológicos. 4. Educação - Finalidades e objetivos. I. Título. II. Série.

12-7247 CDD: 807
CDU 82

Direitos reservados à
PARÁBOLA EDITORIAL
Rua Dr. Mário Vicente, 394 - Ipiranga
04270-000 São Paulo, SP
[11] 5061-9262 | [11] 98763-3590
www.parabolaeditorial.com.br
parabola@parabolaeditorial.com.br

ISBN: 978-85-7934-052-9

1ª edição, 5ª reimpressão, março de 2026

SUMÁRIO

PREFÁCIO

Estamos enfrentando hoje uma crise dos estudos literários que se expressa pelas seguintes indagações: de que serve o ensino das Letras? É preciso mantê-lo? Se sim, o que fazer nele?

Os estudos literários — evidentemente — permitem aumentar a cultura (ao explicar o que significa uma visão "barroca" ou "romântica" do mundo, ao recordar o que pôde causar riso numa época ou emoção em outra). Mas a cultura não se limita à literatura. Se o propósito é ter a visão mais informada possível, é legítimo — até mesmo indispensável — não falar apenas dos textos (e, entre eles, não apenas dos textos literários). Existem não somente outras formas de arte (música, pintura, escultura), como também outras manifestações culturais (gastronomia, televisão, esporte, moda etc.). Seria lógico, portanto, dissolver os estudos literários dentro dos estudos culturais. Este movimento encontra grande respaldo nos países anglo-saxônicos.

Mas o objeto central dos estudos literários não é o conhecimento da linguagem? Sem dúvida, as obras literárias são, antes de tudo, *textos*. Mas a linguagem não se limita à literatura. Embora frequentemente seja mais agradável estudar a literatura, ela dá provas de um funcionamento particular, que não cobre a totalidade do campo da linguagem. A análise das obras literárias precisa, assim, ser completada pelo exame de outros fatos linguísticos, que remetem mais explicitamente a certos mecanismos de linguagem. Nessa perspectiva, os estudos literários deveriam se fundir na linguística.

Artefato cultural e fato de linguagem entre outros, em que o texto literário justifica uma abordagem específica?

A hipótese deste ensaio é que não se pode refletir sobre o interesse e o valor de uma obra literária sem levar em conta seu estatuto de *objeto de arte*. Esse posicionamento suscita, legitimamente, diversas questões.

Antes de tudo, podemos perguntar se não é francamente desarrazoado falar da "arte literária". Essa fórmula um tanto quanto obsoleta não remete a questões de outro tempo? Já não é consenso que a "arte" (literária ou outra) não é um absoluto, mas um dado relativo cujas declinações variam com a história? Falar da "arte" sem outra especificação não é voltar a uma concepção essencialista que sabemos não resistir a exame?

Não somente não temos certeza de que nosso objeto de estudo existe, mas todas as questões que se podem levantar acerca da arte (entendida como ideia, apenas como realidade) há muito tempo têm sido tratadas por um setor particular da filosofia, a estética[1]. Não seria falta de humildade (e abdicação da prudência mais elementar) debruçar-se sobre problemas aos quais, para citar apenas alguns nomes, Kant, Hegel ou Schopenhauer consagraram páginas memoráveis?

Por fim, podemos nos perguntar se, no estado atual do mundo, não há coisa melhor a fazer do que se ocupar com objetos que não sabemos muito bem para que servem — se é que servem para alguma coisa.

Vamos tentar responder.

Mesmo que se pense que a arte é uma noção eminentemente relativa, é impossível, na prática, manter-se nessa posição. Qual o livreiro que responderá a um cliente que lhe pede conselho: "Todos os livros são iguais, é uma questão de gosto; não posso ajudar você em nada"? É

[1] "Parte da filosofia voltada para a reflexão a respeito da beleza sensível e do fenômeno artístico" (*Dicionário Houaiss da Língua Portuguesa*).

possível imaginar um professor universitário dando a mesma resposta a um estudante? O relativismo é ainda menos permitido aos ministros da Educação ou da Cultura, que têm obrigatoriamente de decidir na escolha dos programas ou das manifestações a subvencionar: por que mandar estudar Machado de Assis e não Rubem Fonseca (ou o inverso)? Por que financiar uma "parada *tecno*" e não um filme de vanguarda (ou o inverso)? Em suma, se a arte não existe mais para os teóricos, ela ainda existe para a maioria dos indivíduos e, sobretudo, para uma série de instituições (ensino, imprensa, mídia) que pesam fortemente sobre nossa existência cotidiana. Assim, talvez não seja inútil se interrogar sobre uma "realidade" que, mesmo mal definida, "informa" — através de uma série de engrenagens — o mundo em que vivemos e nossa existência no interior deste mundo.

A segunda objeção (já não se disse tudo sobre a arte?) é bastante forte. Todavia, podemos constatar que a reflexão estética, de fato, nunca se interrompeu. Aliás, há várias décadas que ela experimenta uma revivescência impressionante[2] e, em certos aspectos, espantosa. Se, mesmo deixando de propor ideias novas, conseguíssemos, graças a essa reflexão, ver de modo um pouco mais claro no interior de debates apaixonantes, mas frequentemente complexos, na esperança de tirar deles algumas conclusões sobre nossa relação com a arte hoje, talvez não perdêssemos de todo o nosso tempo.

Quanto ao terceiro problema (para quê?), acabamos de recordar o paradoxo da arte que, embora não tendo utilidade prática, toca dimensões da existência tão fundamentais quanto a cultura, a educação ou a comunicação. Por conseguinte, o que está em jogo aqui não é somente o gosto.

Resta saber como proceder para não se perder no labirinto e na complexidade dos problemas. Como em todas as situações de crise, o me-

---

[2] Na França, atestam isso os trabalhos de J.-M. Schaeffer: *L'Art de l'âge moderne — l'esthétique et la philosophie de l'art du XVIIIe siècle à nos jours*. Paris: Gallimard, 1992; *Les Célibataires de l'art — Pour une esthétique sans mythes*. Paris: Gallimard, 1996; *Adieu à l'esthétique*. Paris: PUF, 2000. Também merecem destaque os estudos de G. Genette: *L'Œuvre de l'art — Immanence et transcendance*. Paris: Seuil, 1994; *L'œuvre de l'art — La relation esthétique*. Paris: Seuil, 1997.

lhor decerto é retornar às questões essenciais, que frequentemente são questões simples (ao menos em sua formulação). Assim, nos perguntaremos o que é a literatura, que importância conceder respectivamente à forma, ao conteúdo e à emoção, sem evitar a questão delicada do valor artístico. Concluiremos com propostas concretas a respeito da prática do ensino. Para ilustrar a reflexão, o percurso teórico será entrecortado de análises textuais apresentadas na forma de "interlúdios".

DA ARTE E DA LITERATURA

Abordar a literatura como "arte da linguagem" supõe ter antes definido a noção de "arte". No entanto, não existe consenso neste ponto. Definir a arte, aliás, é tão delicado que se chegou à conclusão de que o mais sensato ainda era desistir da noção[1]. Vejamos como anda a coisa.

A arte existe?

A questão da existência da arte se confunde com a de sua definição. Haverá concordância (ou não) em incluir este ou aquele objeto no campo artístico conforme ele corresponda (ou não) à definição da palavra "arte" que se reconheça como pertinente. Para dar um exemplo famoso, alguns recusarão o estatuto de obra de arte para as caixas Brillo[2] de Andy Warhol porque elas não têm (segundo eles) nada de estético; outros, em contrapartida, concederão às caixas tal estatuto sem hesitar porque elas fa-

---

[1] É a opinião, por exemplo, de F. Schuerewegen (Le début et la fin de l'art: sur Arthur Danto. *Poétique*, nº 147, 2006, p. 367-379).

[2] Lembremos que se trata de um conjunto de caixas empilhadas umas sobre as outras, imitando as caixas de sabão em pó de uma marca famosa.

zem pensar num modo simbólico. Os primeiros se aplicam à definição clássica do objeto de arte como artefato que suscita o sentimento do belo; os segundos adotam uma definição mais moderna, que concebe a arte como uma maneira particular de significar.

Seria preciso, então, perguntar se é possível — e desejável — entrar em algum acordo sobre a definição do termo.

Uma definição impossível?

Existem diversos teóricos para quem não é possível nem desejável definir a arte.

Assim, para M. Weitz[3], a arte — na qualidade de conceito "aberto" — não pode ser definida por um conjunto de propriedades necessárias e suficientes. Um conceito é "aberto" quando é possível ampliar o campo de sua aplicação com base numa simples decisão. Weitz toma o exemplo do romance. Não existem propriedades necessárias e suficientes que permitam definir um texto como "romance". Aliás, por isso é que o conceito abrange textos tão diferentes quanto *A Moreninha, Ulisses* ou *Memórias póstumas de Brás Cubas*. Portanto, não é possível catalogar um novo texto como "romance" tendo por base um modelo ideal do romance: simplesmente se perguntará se a obra candidata à identidade romanesca têm traços comuns suficientes com outros textos já considerados como "romances" para que se justifique a extensão do conceito. São os textos efetivamente publicados que determinam nossa ideia do romance, e não o contrário. O mesmo vale para a arte. Identificar uma obra como artística é se referir a um feixe de propriedades que, empiricamente, funcionam como critérios de reconhecimento; no entanto, nem por isso qualquer uma delas é de presença obrigatória. O erro consiste em transformar os critérios de reconhecimento de classes historicamente fechadas (o romance *grego*, a tragédia *clássica*) em critérios normativos de avaliação de classes abertas (*o* romance, *a* tragédia). Daquilo que

[3] Cf. Le rôle de la théorie en esthétique (1956), *in*: D. Lories (org.), *Philosophie analytique et esthétique*. Paris: Klincksieck, 2004, p. 27-40.

foram o romance ou a tragédia num dado período não se pode deduzir o que devem ser o romance ou a tragédia de forma absoluta.

Se não é possível definir a arte, tampouco é desejável fazê-lo. Seria o mesmo que transformar um conceito aberto em conceito fechado, ou seja, arriscar a liberdade criadora:

> O que sustento, portanto, é que o caráter muito expansivo, aventuroso da arte, suas mudanças incessantes e suas novas criações fazem com que seja logicamente impossível garantir um conjunto de propriedades determinantes. É claro que podemos optar por fechar o conceito. Mas fazer isso com os conceitos de "arte", "tragédia" ou "retrato" etc. é ridículo, já que bloqueia as próprias condições da criatividade nas artes[4].

Se não existem propriedades definidoras da arte (observemos que Weitz parece considerar a "criatividade" como um traço essencial), o único modo pertinente de enfrentar a questão é a abordagem histórica. Podemos indagar o que se entendeu, na origem, com a palavra "arte", como e por que o sentido da palavra tem evoluído e de que sentido (ou sentidos) ela se reveste para nós hoje em dia.

Historicamente, a palavra "arte" vem designando há muito tempo os artefatos que suscitam o sentimento do belo. Aliás, é o sentido que ainda encontramos na maioria dos dicionários. Assim, para o *Dicionário Houaiss da língua portuguesa*, a arte é a "produção consciente de obras, formas ou objetos voltada para a concretização de um ideal de beleza e harmonia ou para a expressão da subjetividade humana". Se a arte evolui, é simplesmente porque já não concebemos o belo da mesma maneira. A historicidade afetaria, assim, bem mais nossa ideia do belo do que nossa ideia da arte.

A arte e o belo

Quando se vincula a identidade artística ao sentimento do belo, a discussão gira em torno da seguinte questão: o belo se deve a pro-

---

4 *Ibid.*, p. 34.

priedades manifestas da obra ou à apreciação subjetiva de cada um? Conforme a primeira concepção, existiriam obras objetivamente belas. Conforme a segunda, o belo é uma questão de juízo pessoal.

O segundo ponto de vista — que está na base de nossa "modernidade" — se inscreve na renovação de perspectiva proposta por Kant: não existe objeto belo em si, mas unicamente objetos nos quais o sujeito tem um prazer estético. O belo não é um dado absoluto: é o resultado, sempre contingente, de uma relação de conveniência entre as propriedades de um objeto e o gosto daquele que o avalia. O que define a relação estética, portanto, não é a natureza do objeto apreendido, mas o tipo de olhar que se lança sobre ele. Como explica Genette, "não é o objeto que torna estética a relação, é a relação que torna o objeto estético"[5]. Mais precisamente, há relação estética cada vez que uma atenção aspectual (isto é, que incide sobre a aparência de um objeto) é sustentada por uma apreciação[6]. Podemos, assim, apreciar esteticamente tanto a tela de um mestre quanto um cartaz publicitário.

Os "subjetivistas" deveriam logicamente chegar à conclusão de que a arte não existe. No entanto, diante da evidência de que as obras de arte, sim, existem concretamente (basta passear num museu para se convencer disso), eles propõem o seguinte deslocamento: uma obra de arte não produz necessariamente o sentimento do belo (o que impediria toda generalização), mas *visa* sempre a produzir o sentimento do belo. Em sua reflexão em dois volumes sobre a obra de arte, Genette parte assim da seguinte definição (que ele se empenhará a seguir em modular): "*Uma obra de arte é um objeto estético intencional*, ou, o que dá no mesmo: *uma obra de arte é um artefato (ou produto humano) com função estética*"[7]. Com isso, torna-se possível fundar a definição da arte em critérios objetivos. Em qualquer obra, a intenção estética é, de fato, reconhecível num certo número de traços:

[5] G. Genette, *L'Œuvre de l'art — La relation esthétique, op. cit.*, p. 18.

[6] Segundo Genette, o próprio conteúdo pode, enquanto estrutura, derivar de uma atenção aspectual. Ver esta passagem de *La Relation esthétique*: "[numa obra de arte], cada conteúdo pode ser percebido como uma 'forma' designando um outro conteúdo mais especificado, pois a análise progride de forma para conteúdo e regride de conteúdo para forma" (*op. cit.*, p. 34).

[7] G. Genette, *L'Œuvre de l'art — Immanence et transcendance, op. cit.*, p. 10.

se, por exemplo, um texto respeita as regras do soneto, é porque ele quer se filiar à poesia e, portanto, à literatura e à arte. Assim, podemos opor a uma definição avaliatória do objeto de arte (obra que *consegue* produzir o sentimento do belo) uma definição categorial (artefato provido de certo número de traços que *manifestam a intenção* de produzir o sentimento do belo, isto é, de ser avaliado no plano estético).

Levar em conta essa intenção permite assim definir a arte sem renunciar à ideia de que o belo é subjetivo e relativo. No campo literário, os traços "artísticos" são essencialmente traços genéricos. Todo romance, toda tragédia, toda elegia é estatutariamente uma obra de arte. A questão da identidade artística, portanto, nada tem a ver com a do mérito estético. O último Paulo Coelho tem o mesmo estatuto que *Guerra e paz*: os dois livros, na qualidade de romances, pertencem categorialmente à literatura, e seu respectivo valor estético (entendamos: sua "beleza") não é objetivamente apreensível.

Contudo, ainda que se admita que somente uma definição categorial da arte pode ser objetiva, a reflexão não avançou muito. Talvez tenhamos respondido a pergunta "que é a arte?", mas esvaziando-a no mesmo gesto de qualquer interesse. Agora se trata de saber o que é uma arte de qualidade. Tudo o que se fez foi deslocar o problema (eu diria até que nós simplesmente o formulamos de maneira diferente).

Quer se enfatize o resultado (produzir uma emoção estética) ou o projeto (manifestar a intenção de produzi-la), os "objetivistas" e os "subjetivistas" parecem compartilhar a convicção de que não se pode separar a arte da questão do belo. Mas será certo que nós *ainda* vinculamos a arte ao sentimento do belo? Pensar que a definição de ontem é a definição de hoje não significa negar o peso da história sobre nossas representações?

A arte e a história

O estado atual da produção artística parece mostrar de fato que, embora a arte venha sendo há muito tempo vinculada ao belo, ela tem se enriquecido com numerosos outros traços que, de secundários, acabaram por se tornar essenciais. Seria então bem possível que a função estética não fosse mais hoje uma condição necessária para se falar de "obra de arte". Para J.-M. Schaeffer, ela aliás jamais o foi: muitos objetos que consideramos hoje como obras de arte não respondiam, no momento de sua criação, a nenhuma intenção estética. A redução do artístico ao estético é uma postura datada, cujas raízes são culturais:

> Por razões que têm a ver com a história recente das sociedades ocidentais, quando dizemos "estética" pensamos em "obra de arte". Essa identificação falaciosa tira sua plausibilidade superficial de uma concepção ingênua da noção de *obra de arte* que a identifica à de *artefato estético*[8].

Haveria, pois, dois erros a evitar: pensar que um objeto estético é necessariamente uma obra de arte; pensar que uma obra de arte é necessariamente um objeto estético.

Acerca do primeiro ponto, Schaeffer reafirma com Genette (e segundo Kant) que não existe "objeto estético", mas unicamente objetos "apreendido[s] no quadro de uma conduta estética"[9]. A dimensão estética não é uma propriedade interna, mas "relacional": ela se deve à maneira como alguém apreende um objeto, não ao objeto em si. As obras de arte, portanto, não poderiam — nem de longe — ter o monopólio da atenção estética.

Quanto ao segundo ponto, Schaeffer se afasta claramente de Genette: ele postula que a função estética não é um traço definitório do conceito de "obra de arte". De fato, podemos legitimamente nos perguntar se a questão do belo ainda é pertinente para obras como "Fonte" de Marcel Duchamp[10] ou o tamborete *Mezzadro*, fabricado pelos irmãos Castiglioni a partir de um assento de trator. A arte já não é somente, para nós, o que visa ao belo; é também aquilo que pode emocionar ou fazer pensar. Tudo se passa como se a hierarquia estabelecida entre as

[8] J.-M. Schaeffer, *Les Célibataires de l'art*, *op. cit.*, p. 14.
[9] *Ibid.*, p. 250.
[10] Lembremos que se trata de um urinol.

diferentes propriedades da obra de arte (estéticas, emotivas, simbólicas etc.) variasse com os contextos culturais.

Se essa constatação for exata, a questão "o que é arte?" fica absolutamente vazia de sentido e exige ser substituída pela seguinte: "O que entendemos hoje por 'arte'?". É exatamente o que propõe a filosofia analítica. A ideia é substituir a reflexão sobre o mundo (que ameaça sempre cair numa metafísica das essências) por uma investigação sobre as maneiras como o pensamos, isto é, como falamos dele[11]. Aplicada à arte, essa postura consiste em substituir as especulações sobre a natureza artística por uma análise das diferentes acepções do termo "arte" e de seu campo de aplicação.

A abordagem analítica, de certo modo, põe fim ao debate: não existe definição universal da arte; existe simplesmente o que uma época, um grupo cultural ou um indivíduo infundem, em dado momento, nesse termo. Se o historiador ou o sociólogo podem se interessar pelos sentidos antigos da palavra, o teórico pode perfeitamente se limitar àquilo que o termo designa na época em que ele escreve.

Resta, contudo, uma possibilidade que é difícil menosprezar: não existem elementos comuns às diferentes acepções que o termo "arte" pôde assumir ao longo da história? Melhor ainda: além da palavra "arte", não há uma prática, uma relação com os objetos, que sempre existiu e em todos os países? Não será isso que as diferentes definições da palavra "arte" vêm tentando delimitar (ainda que, a cada vez, elas tenham considerado apenas alguns traços em detrimento de outros)?

Se pudéssemos demonstrá-lo, a questão "o que é a arte?" recuperaria alguma pertinência. À guisa de analogia, os componentes e as modalidades do "saber viver" ou da "polidez" são diferentes, e até contraditórios, conforme os lugares e as épocas; isso não impede que a ideia de saber viver esteja presente em todos os países e em todas as culturas

[11] D. Lories (*Philosophie analytique et esthétique, op. cit.*) lembra que a filosofia analítica é essencialmente uma filosofia anglo-saxônica. Por isso temos o hábito de opor a ela a "filosofia continental".

através de declinações factuais absolutamente incontestáveis. Poderíamos dizer o mesmo do luto ou da relação amorosa. Portanto, não é impossível que o que se designa por "arte" tenha sempre existido, mesmo quando não se utilizava a palavra. A abordagem analítica não torna obrigatoriamente caduca a hipótese antropológica.

Uma prática transcultural

É a partir do Renascimento que se começa a distinguir o "artista" do "artesão". O emprego da palavra "arte" como termo genérico designando o conjunto das atividades com intenção estética só se imporá plenamente no século XVIII. Não se pode concluir disso, é óbvio, que a prática artística anteriormente fosse desconhecida. Pensar que uma prática não conceitualizada não tem realidade é, de fato, um absurdo: isso equivaleria a postular que o inconsciente não existia no ser humano antes do surgimento da psicanálise. O interesse da conceitualização é justamente o de poder se aplicar *a posteriori* a fenômenos pelos quais ela não se interessava originalmente, mas cuja compreensão ela permite. De modo geral, a emergência de um conceito se explica pela necessidade de dar conta de uma série de atividades em vigor há muito tempo.

Se a arte é uma noção transcultural, os objetos aos quais ela remete devem necessariamente compartilhar certo número de traços. Haverá então algo de comum entre a Vênus de Milo, as "embalagens" de Christo, o *Hino à alegria* de Schiller e a "Fonte" de Duchamp?

A ideia de colocar a questão nesses termos sem dúvida não é nova e algumas respostas são particularmente interessantes. Assim, para F. Vernier[12], a especificidade artística não é uma essência, mas uma *relação*, a relação que certos objetos mantêm com os modelos simbólicos em vigor numa dada época. É próprio desses objetos explorar as virtuali-

[12] Cf. *L'Ange de la théorie*. Montréal: Publications du Département d'Études Françaises de l'Université de Montréal, 2004.

dades dos sistemas que utilizamos para apreender o mundo. A pintura abstrata nos confronta assim com outros códigos além daqueles que regem habitualmente nossa maneira de ver, tanto quanto uma obra literária atualiza certas possibilidades inéditas do sistema linguístico em que se inscreve. Para dar um só exemplo, a obra de Flaubert, pelo uso que faz do imperfeito e dos pronomes pessoais, explora possibilidades da língua francesa que, no uso corrente, raramente são exploradas[13]. Analisada *do ponto de vista de sua função* (renovar a percepção e, portanto, a apreensão da realidade), a arte é um dado ao mesmo tempo trans-histórico (nós a encontramos em todas as culturas) e relativo (não são obrigatoriamente os mesmos objetos que oferecerão a cada indivíduo — e a cada época — novas maneiras de pensar o mundo). Essa análise, bastante convincente para a arte crítica e contestatária, se aplica mais dificilmente à arte de celebração, que se conforma aos sistemas dominantes em vez explorar alternativas a ele[14].

Sempre conservando a ideia de que a arte responde a uma necessidade transcultural (o que devolve pertinência ao conceito), vou propor outra definição raciocinando *a posteriori*. Se retomarmos a questão dos pontos comuns levantada acima, poderemos depreender as três características seguintes: as obras de arte são objetos *não utilitários, que exprimem alguma coisa* e *aos quais é reconhecido um valor*. Todas as sociedades têm conhecido, e provavelmente exigem, esse tipo de objetos.

A ideia de que a obra de arte não tem utilidade prática não advém, como se poderia pensar, de um ponto de vista retrospectivo próprio à modernidade. Se for verdade que ela se vincula à afirmação kantiana do desinteressamento da atenção estética e à abordagem da obra de arte como "finalidade sem fim"[15], encontramos em todas as épocas e na maioria das

---

[13] Algo que não escapou a Proust. Ver F. Vernier (*op. cit.*, p. 157).

[14] F. Vernier responde que uma obra de arte é um objeto complexo, que possui propriedades artísticas e propriedades não artísticas. Quando ela se conforma aos sistemas dominantes, é em razão de características que não se devem à sua especificidade artística (p. 94-95). Esse raciocínio, contudo, só é válido se concordarmos previamente sobre a definição dessa especificidade artística que, justamente, procuramos delimitar.

[15] Se, historicamente, deságua na visão romântica da obra de arte como realidade autônoma e autotélica, a tese da finalidade sem fim repousa — como observa Schaeffer — numa

culturas a necessidade de criar objetos — arranjos de palavras, de peças, de notas, de cores etc. — sem função determinada. Para retomar uma distinção de Schaeffer, a diferença entre os objetos utilitários e os objetos não utilitários se manifesta pela maneira como os apreendemos cognitivamente[16]. É inútil contemplar demoradamente um martelo ou um serrote antes de se servir deles (gastaremos apenas o tempo de identificá-los). Em contrapartida, se podemos passar vários minutos a contemplar uma escultura ou a escutar uma sinfonia é porque os objetos em questão não têm de ser utilizados: eles não têm uso prático.

Essa primeira característica exige dois esclarecimentos.

Inicialmente, nada impede alguém de se servir de uma obra de arte para fins utilitários. Mas é óbvio que assim ela é desviada de sua vocação primeira. Se utilizamos uma tela de Rembrandt para "remendar uma porta"[17], um poema de Verlaine para estudar os artigos definidos ou um romance de Sade para estimular a imaginação erótica, não os recebemos como obras de arte: objetos não artísticos poderiam facilmente cumprir as mesmas funções.

Simetricamente, nada proíbe que se reconheçam como obras de arte objetos que, na origem, tinham vocação utilitária, como um vaso antigo ou um manuscrito medieval: basta reconhecer-lhes *um valor independente de sua função prática*. Os cantos de guerra zulus serviam para suscitar o ardor militar, as pinturas rupestres pré-históricas decerto tinham uma dimensão religiosa ou mágica, mas não é sob esse ângulo que elas são consideradas pelos amantes da arte (é pouco provável que o atual possuidor de uma máscara mortuária egípcia se sirva dela para decorar o túmulo de seus parentes). A facilidade com que os objetos rituais ou religiosos alcançam o *status* de obras de arte tem contudo uma explicação: trata-se de artefatos que, embora não surgidos

---

leitura discutível da terceira *Crítica*: para Kant, a finalidade sem fim designa a maneira como o objeto nos aparece no quadro de uma relação estética, não o objeto mesmo (cf. *L'Art de l'âge moderne*, *op. cit.*, p. 71-72).

[16] Cf. J.-M. Schaeffer, *Les Célibataires de l'art*, *op. cit.*, p. 44-45.

[17] N. Goodman, *L'Art en théorie et en action*. Combas: Éditions de L'Éclat, 1996, p. 131.

de uma intenção *exclusivamente* estética, respondem em geral a uma intenção *parcialmente* estética (a maioria dos objetos religiosos jogam com a sedução formal para atrair a atenção). A recategorização de um objeto sagrado em objeto de arte aparece, portanto, como natural.

A segunda característica da obra de arte — o fato de ela exprimir alguma coisa — advém da simples constatação. Decerto é por isso que se trata de um dos raros pontos que parecem obter consenso entre os teóricos. Nem por isso a importância concedida à dimensão expressiva da obra de arte se torna menos variável: alguns pensam que a obra de arte só existe como objeto semiótico; outros consideram que, se o valor expressivo da obra de arte é pouco contestável, esse valor não é essencial à sua identidade.

Para A. Danto, que se filia ao primeiro ponto de vista, o que distingue uma obra de arte de qualquer objeto do mundo é que ela é sempre "a propósito de algo"[18]. Deve-se compreender com isso que a obra de arte representa sempre outra coisa que não ela mesma. Enquanto *signo*, ela não se reduz à sua realidade material ou física. De fato, a obra de arte "caixa Brillo" não se confunde com uma caixa Brillo comum, tanto quanto a obra literária *Madame Bovary* não se reduz à sequência de frases que compõem o texto de Flaubert. Para retomar a expressão de J. Margolis, as obras de arte são "entidades culturalmente emergentes":

> Elas manifestam propriedades que os objetos físicos não podem manifestar, mas que não dependem da presença de nenhuma substância outra senão aquilo que pode ser atribuído aos objetos puramente físicos. Falando mais amplamente, essas propriedades são aquilo que pode ser caracterizado como funcional ou intencional, e que pode incluir o desenho, a expressividade, o simbolismo, a representação, a significação, o estilo e outras coisas do gênero[19].

Se as propriedades representacionais são tão importantes é porque são elas que permitem diferenciar as obras de arte dos objetos físicos

---

[18] A. Danto, *La Transfiguration du banal*. Paris: Seuil, 1989 [ed. or.: 1981], p. 143.

[19] J. Margolis, La spécificité ontologique des œuvres d'art, *in: Philosophie analytique et esthétique, op. cit.*, p. 218.

nos quais elas se encarnam. Encontramos a mesma ideia de Bakhtin, para quem o "objeto estético" não se confunde com o material que lhe serve de suporte: a obra de arte apresenta, enquanto "acontecimento", propriedades específicas[20].

Schaeffer se inscreve na segunda perspectiva: denunciando o "pansemiotismo" em voga na reflexão atual sobre a arte, ele se recusa a fazer da dimensão semiótica um componente constitutivo da identidade artística. Conforme enfatiza, isso equivaleria a dizer que uma obra só é recebida como artística depois que se depreendeu sua significação[21]. Schaeffer evidentemente não nega que a obra exprima certo número de coisas, mas ela não foi criada para isso. Seu estatuto, desse ponto de vista, é o mesmo que o dos artefatos não artísticos: eles dão testemunho de uma época, de uma cultura, de uma sensibilidade, mas sem terem sido concebidos para dá-lo.

O valor expressivo da obra de arte advém, portanto, da propriedade que ela compartilha com todos os objetos criados pelo homem: "Ter saído de uma causalidade Intencional"[22]. Na terminologia de Searle, a *Intencionalidade* (com maiúscula) caracteriza o funcionamento da consciência. Todo fato psíquico (crença, juízo, percepção, desejo, ódio etc.) é Intencional na medida em que, remetendo a alguma coisa, passa por uma representação consciente. Em outros termos, a consciência é sempre consciência de algo. Dizer que a obra de arte surgiu de "estados Intencionais"[23] é, portanto, lembrar que ela supõe em *sua fonte* um fenômeno mental que deságua numa representação. Sem dúvida, qualquer objeto surgiu de uma causalidade Intencional: um simples pote de geleia tem igualmente

[20] Ver M. Bakhtin, "Problème du contenu, du matériau et de la forme dans l'œuvre littéraire" (1924) *in: Esthétique et théorie du roman.* Paris: Gallimard, 1978, p. 82.

[21] Cf. *Les Célibataires de l'art, op. cit.*, p. 93.

[22] *Ibid.*, p. 111. Somente essa primeira condição é incontornável. O estatuto de objeto de arte pode resultar, conforme os casos, da identidade genérica (o objeto), da intenção estética (do autor) ou da atenção estética (do receptor).

[23] Cf. J. R. Searle, *L'Intentionnalité — essai de philosophie des états mentaux*. Paris: Minuit, 1985 [ed. or.: 1983]. A maiúscula permite distinguir a "Intencionalidade" (relação da consciência com um objeto) da "intencionalidade" (caráter intencional de uma atitude), que é só uma de suas modalidades possíveis.

em sua fonte um estado mental que remete, entre outras coisas, à representação de um pote de geleia. Mas é justamente porque todo artefato humano exprime algo[24]: o pote de geleia dá testemunho das exigências práticas, e até das preferências estéticas, que, levadas em conta pelo concebedor (individual ou coletivo), resultaram na sua concepção[25].

A questão da "causalidade Intencional" é, contudo, capital, visto que permite distinguir claramente objeto *estético* de objeto *artístico*. Se qualquer objeto do mundo pode se tornar o objeto de minha atenção estética, até mesmo os objetos não provenientes de uma causalidade Intencional (o mar em fúria, uma flor, um céu de tormenta etc.), a relação artística supõe — ao menos parcialmente — a consideração dos estados mentais de que a obra de arte é consequência, a começar pela intenção e pelo projeto[26]. Em suma, o que diferencia a relação artística da relação estética é a atenção dispensada ao conteúdo. Como outrora escrevia Barthes: "'*What do you mean?*' [...]. É a pergunta milenar dessa coisa tão antiga: a Arte"[27].

O terceiro traço definitório da obra de arte é ser um objeto ao qual se reconhece um valor. Apesar de essa última característica ser amplamente confirmada pela prática (a maioria das pessoas têm dificuldade de considerar como obra de arte um objeto ao qual elas não atribuem nenhum valor), ela atualmente suscita acesos debates entre os teóricos.

A posição em voga consiste, como vimos, em destacar a definição de arte de todo juízo de valor em nome da relatividade do julgamento de gosto.

---

[24] Schaeffer diria que um artefato, como uma porta ou um vaso, é a *realização* e não a *expressão* de um conteúdo Intencional: a porta sem dúvida surgiu de uma representação mental; mas, enquanto objeto inerte, ela não pode, por definição, exprimir nenhum conteúdo psíquico (*Les Célibataires de l'art, op. cit.*, p. 73-74). Tudo depende do sentido que se dê ao verbo "exprimir": por sua própria existência, a porta dá testemunho de estados mentais na origem das operações das quais ela surgiu. Neste sentido, podemos dizer que ela os "exprime".

[25] Se a especificidade do objeto de arte não se deve ao fato de exprimir algo (característica comum a todos os objetos surgidos de uma causalidade Intencional), ela talvez se deva — como tentarei mostrar mais adiante — à natureza e à extensão daquilo que ele exprime.

[26] Essa dimensão "espiritual" é, na visão de Hegel, aquilo que constitui a superioridade do belo artístico sobre o belo natural: "Do ponto de vista *formal*, não importa que má ideia que passe pela cabeça de um homem é [...] mais elevada que não importa que produção da natureza, porque ela possui sempre espiritualidade e liberdade" (Hegel, *Esthétique*. Paris: Le Livre de Poche, 1997, vol. I, p. 52).

[27] *L'Obvie et l'obtus*. Paris: Seuil, 1982, p. 188.

Schaeffer afirma ainda que se existe claramente uma dimensão avaliadora na relação artística, ela não é específica. Realmente, a avaliação se encontra nas relações que mantemos com a maioria dos objetos. É a simples consequência de seu estatuto teleológico: nós os julgamos segundo sua capacidade de preencher a função que é a deles. Mas, para o autor dos *Celibatários da arte*, o fato de eles cumprirem mais ou menos bem sua função não tem a menor incidência em sua identidade: um carro pode ter maior ou menor desempenho (em termos de velocidade, de conforto etc.) sem nem por isso deixar de ser um carro. A identificação de um objeto como obra de arte não teria, portanto, nada a ver com seu valor eventual.

As coisas talvez não sejam assim tão simples.

Retomemos os três fatores que, segundo Schaeffer, são capazes de definir um objeto como artístico: a atenção estética, a pertinência genérica, a intenção estética.

Se um objeto se torna artístico por conta da *atenção estética* que lhe é dispensada, o critério do êxito não parece *a priori* suficientemente operatório: podemos apreciar esteticamente todo e qualquer objeto do mundo. Contudo, devemos notar que se o objeto em questão não suscita o sentimento de prazer que se espera da relação estética, esta última se interrompe. Temos, então, pelo menos, critérios de êxito ou de fracasso, mesmo que eles sejam, toda vez, subjetivos.

Quando uma obra é identificada como artística por *pertencimento genérico*, a imbricação entre avaliação e definição é mais estreita ainda. Um soneto manco não é realmente um soneto, logo, não é realmente poesia, logo, não é mais arte. Poderíamos dizer o mesmo de um drama sem tensão narrativa ou de uma sinfonia à qual faltasse um movimento. Mais genericamente falando, se existem — como Schaeffer pensa — objetivos constitutivamente artísticos, não é logico concluir daí que eles perdem sua identidade de objetos de arte quando as propriedades que os definem são vacilantes? Um romance policial sem crime nem investigação é ainda um romance policial?

A questão do valor é igualmente incontornável quando se define o objeto de arte pela *intenção estética* em sua origem. Há projetos bem-sucedidos e outros que falham: uma intenção se julga *in fine* diante de seus resultados. Não é preciso seguir Schaeffer quando ele pretende que uma maionese estragada ainda seja uma maionese:

> É certo que não basta *querer* preparar uma maionese para que o resultado seja efetivamente uma maionese. Por outro lado, o que se exige para que um produto dado seja uma maionese não é que ele tenha sido concluído, mas que se peguem azeite e gemas de ovos, que se tente misturá-los e que, ao final da operação, acrescente-se um filete de vinagre, ou seja, que se utilizem os elementos constituintes pertinentes e que se empreendam as ações "instrumentais" pertinentes[28].

A distinção entre um resultado que não seria uma maionese e outro que seria uma maionese estragada me parece um pouco bizantina: uma maionese que não deu liga (e que, portanto, não pode desempenhar sua função de maionese) ainda é uma maionese? Para mudar de registro, digamos que uma fotografia mal tirada — na qual não se distingue quase nada (por causa, por exemplo, de uma superexposição à luz) — é ainda uma fotografia? Contrariamente ao que diz Schaeffer, a "realidade" da maionese não depende de ações genéticas pertinentes, mas de propriedades observáveis no produto acabado. Quem poderia afirmar que uma cadeira defeituosa (à qual, por exemplo falta um pé) ainda é uma cadeira?

Se é difícil — como a experiência o comprova cotidianamente — falar de uma obra de arte sem avaliá-la, não é porque a avaliação positiva faz parte integrante do conceito de obra de arte? Como o demonstrou Danto, os predicados especificamente artísticos supõem sempre um juízo de valor. Se *Fonte* de Duchamp, contrariamente aos outros urinóis, é uma obra de arte é em razão de propriedades (não perceptuais) que os urinóis geralmente não possuem e que são justamente avaliações subjetivas positivas: "Ela é audaciosa, impudente, desrespeitosa, espiritual e inteligente"[29]. Na esfera da arte, como Adorno já entendera

---

[28] J.-M. Schaeffer, *Les Célibataires de l'art, op. cit.*, p. 188.

[29] A. Danto, *La Transfiguration du banal, op cit.*, p. 160.

bem, o juízo de fato se confunde com o juízo de valor: "O conceito de obra de arte implica o do êxito. As obras de arte falhadas não são obras de arte"[30]. A posição de Rochlitz é a mesma: a "pretensão à validade" artística de um artefato deve ser sancionada positivamente para que possamos qualificá-lo de "objeto de arte"[31].

Se tal não fosse o caso, seria preciso integrar à arte o conjunto dos manuscritos recebidos todos os dias pelos editores, os quadros sem valor recebidos pelas galerias de arte e as modelagens inábeis de uma criança de 5 anos. Se um romance "ruim" (seja o que for que se entenda por isso) ainda pertence (e mesmo assim sob reserva)[32] ao gênero "romance", é pouco provável que aqueles que o julgam assim o elenquem na categoria "literatura". Aliás, a expressão "literatura ruim" só tem sentido se entendermos "literatura" em um sentido atenuado (produções escritas). Quanto à expressão "arte ruim", ela não é muito correntemente empregada.

Observemos que, se aceitarmos a definição da obra de arte como "artefato não utilitário que exprime algo e ao qual não atribuímos valor", a história da arte é exatamente a história das variações na identidade do "se" impessoal (quem está habilitado a atribuir valor?) e nos critérios de avaliação (quais são as propriedades da obra que devem ser levadas em conta?). Tal abordagem explica por que a história da arte não é nem uniforme, nem linear. Existem, em cada época, várias instâncias de legitimação, frequentemente conflituosas, cujos desacordos explicam a variedade e a diversidade das formas artísticas. Não apenas o "mundo da arte" é uma realidade complexa, que faz intervirem atores muito diferentes (criadores, críticos, teóricos, historiadores da arte, instituições), como qualquer grupo, ou até mesmo todo indivíduo,

---

30 T. W. Adorno, *Théorie esthétique*. Paris: Klincksieck, 1989 [ed. or.: 1970], p. 241.

31 Cf. R. Rochlitz, *L'Art au banc d'essai*. Paris: Gallimard, 1998. Ora, passo ao largo da questão (evidentemente essencial) dos critérios de avaliação. Agora, meu objetivo é simplesmente mostrar que, na prática, a identificação de um artefato como objeto de arte é indissociável de uma avaliação positiva.

32 Como vimos, é difícil chamar de "romance" um texto que não siga as restrições constitutivas do gênero.

pode construir o próprio universo artístico a partir de suas próprias expectativas. As "sanções" da história não são, além do mais, definitivas nunca: determinado objeto excluído do mundo da arte em uma época pode muito bem voltar a ele em outra e *vice-versa* (em função da evolução dos critérios de avaliação).

Essas reflexões sobre a obra de arte também se aplicam, é evidente, à literatura que, não esqueçamos, faz parte das artes. Contudo, a arte literária depreende sua singularidade do fato de que o material que ela utiliza — a linguagem — já é em si mesmo um sistema significante. As questões que são postas à arte claramente não são postas do mesmo modo à literatura.

A literatura existe?

A palavra "literatura" designa uma realidade objetiva, ou se trata de um termo vago, de significações mutantes, por vezes, contraditórias? Antes de responder, reevoquemos brevemente as origens do termo.

O termo "literatura"

Se existe algum interesse em restituir a história de um termo, isso é porque nossa ideia atual da literatura se explica, em grande parte, pelas diversas acepções que o termo foi recebendo no decorrer do tempo.

Etimologicamente, havemos de lembrar que a palavra "literatura" vem do latim *litteratura* ("escrita", "gramática", "ciência"), forjado a partir de *littera* ("letra"). No século XVI, a "literatura" designa, então, a "cultura" e, mais exatamente, a cultura do letrado, ou seja, a *erudição*. "Ter literatura" é possuir um saber, consequência natural de uma soma de leituras. Como a *literatura* supõe a afiliação a uma elite, a uma aristocracia do espírito, o termo acaba, por deslizamentos sucessivos, vindo a designar o "grupo das pessoas de letras". Falar-se-á, por exemplo, dos "senhores da literatura".

Como o demonstrou R. Escarpit[33], é por volta de meados do século XVIII que a ideia de uma "arte da linguagem" começa a se afirmar. Enquanto, anteriormente, a arte verbal limitava-se à *poesia*, o século XVIII vê emergirem os gêneros "vulgares" (o romance e os gêneros em prosa provenientes do jornalismo). Diante da necessidade de um termo geral para designar a arte de escrever, os olhares se voltaram para a palavra *literatura*. Algumas línguas, como o russo, adotam o termo; outras enxertam essa nova acepção em um termo de sentido aproximado. O interesse da palavra *literatura* é que ele sempre sugere as ideias de "elite" e de "aristocracia", herdadas de seus primeiros sentidos. A diferença é que a partir de então são as obras e não os homens que pertencem a uma elite. Fazer parte da "literatura" funciona, desse modo, como um reconhecimento para os gêneros antigos e valida o valor dos gêneros recentes. A literatura deixou de designar, portanto, um "ter", para designar uma prática e, para além disso, o conjunto das obras dela resultantes.

Contudo, é preciso aguardar para que o termo *literatura* possa rivalizar, no plano estético, com o termo *poesia*. No século XVIII, o conteúdo do termo *literatura*, com efeito, está longe de ser unívoco. Ele também engloba perfeitamente tanto as obras de vocação intelectual quanto os textos de dimensão estética. Todo escrito ao qual se reconheça um valor (seja por sua forma, seja por seu conteúdo) pertence à literatura. Diante disso, o campo literário engloba tanto as obras de ficção quanto os escritos históricos e filosóficos e até mesmo os textos científicos. As coisas evoluem porque, com as ciências positivas conquistando progressivamente a própria autonomia, torna-se cada vez mais difícil assimilar à "literatura" os escritos cientificamente orientados. A consequência dessa "secessão" é limitar a literatura ao campo da criação estética. De fato, a "gratuidade" (a ausência de finalidade prática) acaba por se impor como o critério da identidade literária. A partir do século XIX, "literatura" adquire seu sentido moderno de "uso estético da linguagem escrita"[34].

---

[33] Cf. R. Escarpit, La Définition du terme "Littérature", *in*: *Le Littéraire et le social*. Paris: Flammarion, 1970, p. 259-263.

[34] Essa é a definição dada pelo *Trésor de la langue française*. Essa concepção da literatura —

Esse breve histórico explica por que os valores do espírito e da cultura são indissociáveis dessa arte verbal que é para nós a literatura: as antigas acepções da palavra, mesmo recobertas pelo sentido moderno, não desapareceram de todo. Se "literatura" designa atualmente as obras de vocação estética, o termo também evoca as ideias de "produção intelectual" e de "patrimônio cultural". Como o nota R. Escarpit, o termo "literatura" é, em última instância, rico em contradições: "Trata-se de uma série de ambiguidades que fez a própria fortuna. É possível que um esforço de esclarecimento leve-nos a perdê-lo para sempre"[35].

A literatura como arte da linguagem

Se formos levar em conta o sentido que o termo adquiriu no século XIX, a pergunta "o que é a literatura?" passa a ser formulada como segue: em que condições um texto pode ser tido como estético? As respostas, logicamente, atestam a mesma clivagem entre objetivistas e subjetivistas que se vê na definição do belo.

É o que se pode verificar ao examinar as reflexões de Genette sobre a identidade literária. Segundo o autor de *Fiction et diction*[36], são consideradas (de acordo com os fatos) literárias duas categorias de textos: aqueles que pertencem à literatura por obediência a convenções; aqueles que são tidos como belos. Convém, portanto, distinguir dois regimes de *literariedade*: o *constitutivo* (um texto é literário por respeitar as regras de determinado gênero); o *condicional* (um texto é literário

---

que é sempre a nossa — deve, evidentemente, muito ao romantismo e a sua sacralização da arte: uma vez estabelecido que a obra de arte tem um valor próprio, que a distingue radicalmente dos outros objetos do mundo, é lógico considerar a autonomia e a autotelia como duas de suas características essenciais. Aplicando essa abordagem à literatura, os formalistas russos se apoiarão na identidade estética para uma máxima exploração das propriedades formais da linguagem. Sobre as relações entre romantismo e formalismo, ver T. Todorov, *Critique de la critique*. Paris: Seuil, 1984, p. 7-15.

35 R. Escarpit, Littérature, *Dictionnaire international des termes littéraires* <http:/www.ditl.info/arttest/art792.php>

36 Cf. G. Genette, *Fiction et diction*. Paris: Seuil, 2004.

por apreciação estética subjetiva). Um soneto, um relato ficcional, uma peça de teatro são, portanto, constitutivamente literários. Em contrapartida, textos que não pertencem a gêneros literários estabelecidos, mas que podem seduzir por causa de suas qualidades de escrita são condicionalmente literários. É o que se passa com os *Sermões* de Bossuet, a *História da França* de Michelet, os *Pensamentos* de Pascal ou os *Ensaios* de Montaigne. Esclareçamos que a literariedade condicional não é uma simples questão de preferência pessoal: como podemos ver pelos exemplos que acabo de citar, um texto que não era originalmente literário pode adquirir, com o tempo, uma identidade literária coletivamente reconhecida. E isso acontece mais facilmente quando tal texto manifesta uma intenção estética parcial. O *Discurso sobre as ciências e as artes* é inicialmente um texto de ideias, até mesmo uma obra filosófica; mas não se pode negar que Rousseau, ao escrevê-lo, tenha sido sensível a preocupações estéticas[37]. Sua chegada ao estatuto de texto literário evidentemente lhe foi facilitada.

A noção de "literariedade constitutiva", contudo, me parece longe de ser evidente. A ideia segundo a qual ela permitiria definir a identidade literária sem recorrer ao juízo de valor é, em todo caso, bastante discutível. Se, por um lado, como o nota Genette, as literariedades constitutivas são institucionais[38], é forçoso deduzir daí que elas provêm dos juízos coletivos de valor. Se as regras do soneto ou as convenções teatrais vieram a designar um texto como literário, é porque esses princípios de escrita foram, em determinada época, positivamente avaliados. Por outro lado, a aplicação mecânica de regras preestabelecidas nunca foi suficiente para gerar uma obra de arte. Se fosse necessário simplesmente obedecer a convenções para fazer um texto literário, a menor ficção inventada por um aluno teria o mesmo estatuto de *Dom*

[37] Para alguns, é justamente esse "acento" particular que constitui o valor do primeiro *Discurso*: "Havia apenas poucas palavras humanas a mais no ar do mundo e elas não eram de grande novidade, mas haviam sido ditas com tal acento, que seu eco não devia mais se perder" (J. Guéhenno, *in*: Rousseau, *Discours sur les sciences et les arts*. Paris: Garnier-Flammarion, 1971, contracapa).

[38] Cf. G. Genette, *La Relation esthétique, op. cit.*, p. 171.

Quixote ou *A náusea*. De qualquer perspectiva pela qual se olhe, não se pode deixar de encarar a questão do valor. É por isso que, a meu ver, é delicado falar de "literariedade constitutiva": só existem identidades genéricas constitutivas — que nem sempre são garantias da identidade artística. Efetivamente, existe uma infinidade de textos que, apesar de uma identidade genérica claramente estabelecida, nunca conseguiram conquistar um estatuto artístico.

A abordagem da literatura apresentada em *Fiction et diction* é determinada por um dos postulados fundamentais da modernidade: a importância primeira da forma. Não obstante a distinção entre uma literariedade "por ficção" (que representa objetos imaginários) e uma literariedade por "dicção" (derivada da maneira de escrever)[39], Genette realmente se mantém convicto de que a literariedade é inicialmente uma questão formal. Isso é evidente no caso da literariedade "por dicção". Em um "belo" texto, os enunciados são logicamente percebidos como intangíveis; modificá-los seria arriscar a qualidade estética do conjunto: quem ousaria mudar uma vírgula de um poema de Carlos Drummond de Andrade ou de uma frase de Nelson Rodrigues? Mas Genette, muito estranhamente, tenta também vincular a literariedade "por ficção" a critérios formais. A ideia é que, em uma ficção, os enunciados não devem ser lidos em comparação com a realidade, mas como elementos do sistema que eles constituem[40]. Desse modo, aquilo que nos é dito de Nero em *Quo vadis* ou de Paris em *Pai Goriot* só é significante em relação com os respectivos sistemas semióticos de *Quo vadis* e do *Pai Goriot*. Em outros termos, seja em uma ficção, seja em um poema, os enunciados são apenas componentes dessa "forma" global que o texto representa. Podemos manter o ceticismo diante dessa "autonomia" do texto literário e diante da mudança de estatuto dos elementos tomados de empréstimo ao

[39] "É literatura de ficção aquela que se impõe essencialmente pelo caráter imaginário de seus objetos, literatura de dicção aquela que se impõe essencialmente por suas características formais [...]" (*Fiction et diction, op. cit.*, p. 110).

[40] Ibidem, p. 144-115.

mundo real (mesmo em uma perspectiva formalista, parece difícil considerar Nero e Paris independentemente de sua realidade extratextual). De todo modo, existe para Genette um traço comum à ficção (como história inventada) e à dicção (como linguagem trabalhada): a intransitividade de um discurso que não remete a nada além de si mesmo. Estamos, como vemos, em linha direta com as reflexões de Jakobson, quando ele define a função poética da linguagem como "intenção da mensagem enquanto tal, ênfase posta sobre a mensagem por sua própria conta"[41].

Mas essa importância geralmente atribuída ao trabalho formal não deve ser relativizada? Particularmente quando se trata da arte literária, sistema simbólico "secundário"[42], cujo material — a língua — põe pela força das coisas a questão do sentido em primeiro plano? Realmente, existe uma diferença fundamental entre as artes que requerem uma percepção estritamente sensorial e aquelas que passam pela fala[43]. Se, como o nota Schaeffer, toda obra de arte não é necessariamente um objeto semiótico (um "jardim", um objeto de decoração não são feitos para significar), a obra literária, em contrapartida, é sempre um fato de sentido[44]. Podemos nos perguntar se não é isso exatamente o que constitui sua força, como vamos mostrar no interlúdio a seguir.

---

41 R. Jakobson, Poétique, *in: Essais de linguistique générale*. Paris: Minuit, 1963 [ed. or.: 1960], p. 218.

42 Ver T. Todorov, *Qu'est-ce que le structuralisme?*, t. II: *Poétique*. Paris: Seuil, 1968, p. 30.

43 As demais artes (escultura, pintura, música) solicitam certamente a reflexão — mas de modo mais mediato que os textos literários.

44 Cf. J.-M. Schaeffer, *Les Célibataires de l'art, op. cit.*, p. 81. Baseando-se nos trabalhos de Searle, Schaeffer explica que todo ato linguístico é um "fato de Intencionalidade derivada", isto é, ele não é simplesmente causado por estados Intencionais: ele exprime estados Intencionais. Certamente, já lembramos isso, só os estados mentais podem ser Intencionais; por isso não é menos certo que a linguagem seja feita para ser preenchida de Intencionalidade. Um livro não tem consciência do que diz; mas reivindica a existência (diferentemente de uma sequência de signos gráficos sem significação) da Intencionalidade que um indivíduo pertencente a uma comunidade linguística dada lhe confere. É em virtude dessa Intencionalidade derivada própria da linguagem que a obra literária é uma "entidade semiótica nativa".

INTERLÚDIO 1

Emma e a gordura dos livros

(Flaubert, Madame Bovary)

É próprio da literatura — literatura que, como lembramos, tem na sua origem uma vocação erudita — (tentar) satisfazer ao mesmo tempo uma expectativa estética e uma exigência intelectual. Se a maioria dos leitores considera que não é possível mudar uma única palavra nessa mecânica singular e frágil que é o texto literário, é porque têm a convicção de que a menor modificação equivaleria não somente a alterar o ser musical e rítmico da obra (o que é lógico), mas também o que ela exprime ou busca exprimir (o que é mais surpreendente). Tudo se passa como se o respeito ao literal não fosse menos necessário para a identificação do que está em jogo quanto para o prazer da leitura. É o que vamos verificar analisando esta célebre passagem de *Madame Bovary*.

> Il y avait au couvent une vieille fille qui venait tous les mois, pendant huit jours, travailler à la lingerie. Protégée par l'archevêché comme appartenant à une ancienne famille de gentilshommes ruinés sous la Révolution, elle mangeait au réfectoire, à la table des bonnes soeurs, et faisait avec elles, après le repas, un petit bout de causette avant de remonter à son ouvrage. Souvent les pensionnaires s'échappaient de l'étude pour l'aller voir. Elle savait par cœur des chansons galantes du siècle passé, qu'elle chantait à demi-voix, tout en poussant son aiguille. Elle contait des histoires, vous aprennait des nouvelles, faisait en ville vos commissions, et prêtait aux grandes, en cachette, quelque roman qu'elle avait toujours dans les poches de son tablier, et dont la bonne demoiselle elle-même avalait de longs chapitres, dans les intervalles de sa besogne. Ce n'étaient qu'amours, amants, amantes, dames persecutées s'évanouissant dans des pavillons solitaires, postillons qu'un tue à tous les relais, chevaux qu'on crève à toutes les pages, forêts sombres, troubles du coeur, serments, sanglots, larmes et baisers, nacelles au clair de la lune, rossignols dans les bosquets, *messieurs* braves comme des lions, doux comme des agneaux, vertueux comme on ne l'est pas, toujours biens mis, et qui pleurent comme des urnes. Pendant six mois, à quinze ans, Emma se graissa donc les mains à cette poussière des vieux cabinets de lecture[45].

[45] G. Flaubert, Madame Bovary, 1ª parte, cap. IV. Paris: Librairie Générale Française, 1972 [ed. or.: 1857], p. 43.

> [Havia no convento uma solteirona que vinha todos os meses, durante 8 dias, trabalhar na rouparia. Protegida pelo arcebispado como pertencente a uma antiga família de fidalgos arruinados sob a Revolução, ela comia no refeitório, à mesa das irmãs, e trocava com elas, após a refeição, alguns minutos de prosa antes de retomar sua tarefa. As internas, frequentemente, escapavam dos estudos para irem vê-la. Ela sabia de cor canções galantes do século anterior, que cantava a meia-voz, sempre a espetar sua agulha. Contava histórias, transmitia notícias, levava as encomendas para a cidade e emprestava às maiores, às escondidas, algum romance que ela sempre tinha nos bolsos de seu avental e dos quais a velha senhorita devorava ela mesma longos capítulos, nos intervalos de sua ocupação. Tudo eram amores, amantes, damas perseguidas a desmaiar em pavilhões solitários, postilhões assassinados a cada posta, cavalos esfalfados em todas as páginas, florestas sombrias, perturbações do coração, juramentos, soluços, lágrimas e beijos, canoas ao luar, rouxinóis nos bosques, *cavalheiros* bravos como leões, meigos como cordeiros, virtuosos como ninguém é, sempre bem colocados e que choram como urnas. Durante seis meses, aos 15 anos, Emma engordurou, portanto, as mãos nessa poeira dos velhos gabinetes de leitura.]

A "hesitação prolongada entre o som e o sentido"

Se podemos estender a todo texto literário a definição que Valéry propõe do poema[46] é porque o trabalho sobre a linguagem é sempre recebido ao mesmo tempo como um trabalho sobre o sentido. Como acabamos de ver, essa abordagem deve muito ao modo como a ideia de "literatura" se construiu ao longo da história. A forma jamais é percebida como limitada ao plano estético: o leitor também espera de sua leitura um lucro intelectual.

Vamos nos interessar pela última frase da passagem: "Durante seis meses, aos 15 anos, Emma engordurou portanto as mãos nessa poeira dos velhos gabinetes de leitura". Se a ordenação dos termos obedece, evidentemente, a considerações rítmicas, ele também expressa certo número de coisas. A dupla anteposição temporal ("Durante seis meses", "aos 15 anos") tem valor de insistência; ela sublinha um duplo excesso: Emma lê por tempo demais e jovem demais. A antítese entre a juventude ("15 anos") e a antiguidade ("velhos gabinetes") assinala, além disso, uma defasagem: Emma não está em seu lugar. Quanto ao "portanto", ele estabelece um vínculo lógico com o que precede e dá testemunho da

[46] "O poema — esta hesitação prolongada entre o som e o sentido" ("Rhumbs", *Tel Quel II*. Paris: Gallimard, 1943, p. 63).

importância de nossa frase: é uma síntese, um resumo das páginas precedentes. Ela condensa aquilo que, aos olhos do narrador, merece ser enfatizado da adolescência de Emma. O narrador nos indica com esse "portanto" que estamos lidando com um *núcleo* da história, que convém memorizar se quisermos seguir o fio do romance[47]. O conteúdo do enunciado confirma, aliás, o lado decisivo da informação transmitida: 15 anos são uma idade jovem, em que a pessoa ainda é moldável, em que as coisas se lançam para o futuro, e a longa duração (seis meses) mostra que a impregnação é forte e terá consequências. Essa passagem é, portanto, essencial para se compreender a sequência (do livro de Flaubert e da vida de Emma): o que vai se passar está fundamentalmente ligado ao fato de Emma ter lido *jovem demais*, durante *tempo demais, determinada categoria* de livros[48].

O reflexo de leitura que consiste em inverter a forma sobre o plano do conteúdo é, evidentemente, independente do projeto real do escritor, que pode muito bem ter corrigido por razões unicamente estéticas. É decerto o caso para nossa frase: temos a sorte de possuir seus rascunhos. Flaubert tinha escrito inicialmente: "Durante seis meses, aos 15 anos, Emma envolveu portanto o espírito em todo esse fundo poeirento dos velhos gabinetes de leitura de província"[49]. Ele substituiu portanto "envolver o espírito" por "engordurar as mãos" e "esse fundo poeirento" por "essa poeira". A versão final decerto é mais musical que a do rascunho, como se percebe, entre outras coisas, pelo menor peso da frase e pelas aliterações em /s/ e /r/ ("*fond poudreux*" vs. "*cette poussière*"). Inevitavelmente, porém, ela tampouco significa a mesma coisa.

Se consultarmos o dicionário (*Petit Robert*), *graisser* ("engordurar") significa, num primeiro sentido, "cobrir com uma camada de gordura ou material gorduroso" e, num segundo sentido, "manchar de gordura, sujar". É essa segunda acepção que parece, aqui, ter de ser considerada na medida em que o sema[50] /sujeira/, igualmente presente em "poeira", permite construir uma isotopia:

---

[47] "Certas [funções] constituem verdadeiras articulações do relato (ou de um fragmento de relato); outras só fazem "preencher" o espaço narrativo que separa as funções-articulações: vamos chamar as primeiras de *funções cardeais* (ou *núcleos*) e as segundas, vista sua natureza completiva, de *catálises*" (R. Barthes, Introduction à l'analyse structurale des récits, *in*: R. Barthes *et al.*, *Poétique du récit*. Paris, Seuil, 1977, p. 21).

[48] Observe-se que a importância da passagem fora percebida pelo advogado de Flaubert, que a cita em sua defesa (ver G. Flaubert, *Madame Bovary*, *op. cit.*, p. 462).

[49] Folio 74, manuscrito disponível no sítio da Universidade de Rouen: www.univ-rouen.fr/flaubert/bovary.

[50] Vamos lembrar que o significado de uma palavra repousa numa soma de semas (ou "unidades de significação").

Emma suja as mãos lendo livros velhos. Se levarmos em conta a estilização do enunciado (considerando o que precede, parece que "gabinetes de leitura" é uma metonímia para "livros"), é preciso entender então: Emma sujou as mãos nessa poeira que impregna os livros que vêm dos velhos gabinetes de leitura. Resta a questão de saber se o enunciado deve ser tomado em sentido próprio ou em sentido figurado. As duas hipóteses parecem igualmente aceitáveis: Emma sujou as mãos, no sentido próprio, por causa da poeira que impregna esses livros vindos de velhos gabinetes mal conservados; Emma se impregna, no sentido figurado, do conteúdo de livros antiquados que a marcarão por toda a vida.

As conotações do termo *"graisse"* ("gordura"/"sujeira"/"graxa") introduzem, por outro lado, uma série de ambiguidades. De fato, elas são contraditórias. Os valores negativos da "gordura" são conhecidos: a gordura está ligada à sujeira (ela provoca manchas) e ao *empâtement*[51] (a cujo respeito se fala de "gordura ruim", aquela que se deve suprimir quando se tem excesso de peso[52]). Mas a gordura também tem conotações positivas: ela protege (enverniza-se um objeto, "para conservá-lo, protegê-lo da deterioração"), permite o bom funcionamento (engraxa-se um mecanismo, no sentido de "lubrificar", para permitir que funcione melhor), alimenta (aduba-se a terra, engorda-se um animal) e ela dá brilho (engraxa-se um sapato). Ora, todos esses sentidos, ainda que opostos, são aceitáveis no enunciado que nos ocupa: a leitura suja a existência de Emma, mas também lhe dá brilho; entrava sua vida, mas a alimenta; ameaça-a, mas as protege. Note-se que encontramos, em outras passagens do romance, os valores antitéticos do verbo *"graisser"* ("engordar"/"sujar"/"engraxar"/"lubrificar") condensados numa única fórmula. A frase seguinte é, desse ponto de vista, particularmente interessante:

> [...] ele reconfortou o paciente com toda sorte de boas palavras, carícias cirúrgicas que são como o óleo com que lubrificamos os bisturis.
>
> [...] *il réconforta le patient avec toutes sortes de bons mots, caresses chirurgicales qui sont comme l'huile dont on graisse les bistouris*[53].

---

[51] Espessamento do tecido subcutâneo (N. T.).

[52] Observe-se que Flaubert, numa carta a Louise Colet de 26 de julho de 1852, recorre a essa metáfora da "gordura ruim" que é preciso retirar: "Vendo meu aspecto, alguém pensaria que tenho de produzir o épico, o drama, a brutalidade dos fatos, e eu, ao contrário, só me agrado nos temas de análise, de anatomia, por assim dizer. No fundo, sou o homem dos livros-caixa, e é à custa de paciência e de estudo que me livrei de toda a gordura esbranquiçada que submergia meus músculos". *Correspondance*, vol. II. Paris: Gallimard, 1980, p. 184.

[53] *Madame Bovary, op. cit.*, p. 17. Estamos no início do romance: Charles trata o padre Rouault, que acabou de quebrar a perna.

A *"graisse"* aqui está ligada significativamente, ao mesmo tempo, às "carícias" e à "cirurgia": se ela ajuda a funcionar melhor, é na medida em que — como a leitura? — ela dissimula superficialmente uma violência bem real.

Se, em nossa passagem, "engordurar" provavelmente foi mantido por Flaubert por razões eufônicas, a modificação formal é, pois, pela força das coisas, imediatamente interrogada pela leitura.

Podemos fazer as mesmas observações quanto à palavra "poeira", que acabou sendo preferida ao "fundo poeirento"[54]. Do lado das conotações negativas, a poeira está ligada à sujeira; participa de uma vida monótona e lúgubre; é um sinal de desgaste, de envelhecimento; remete às cinzas e à morte. Significativamente, essa poeira negativa participa da lógica textual: é como se a poeira encontrada nos livros permanecesse agarrada a Emma por toda a vida. Observe-se que, já adulta, Emma continua a gostar da poeira, sem se dar conta de seu caráter mortífero. Vamos nos lembrar de sua entrada na Ópera:

> Ela teve prazer, como uma criança, em empurrar com o dedo as largas portas atapetadas; aspirou com todo o peito o odor poeirento dos corredores, e, quando se sentou em seu camarote, arqueou a cintura com uma desenvoltura de duquesa[55].

Mas o romance também atualiza as conotações positivas de "poeira", que se vê ligada ao arrebatamento, à estética (a faixa de poeira), ao maravilhoso (a poeira de ouro). De maneira geral, o pó é suporte de devaneio, de poesia: ele remete ao vaporoso.

Essa ambivalência, obviamente, é significativa. Podemos dar conta dela da seguinte maneira: no tocante à poeira e à gordura, o texto propõe ora o ponto de vista de Emma, ora o ponto de vista do narrador. A ambiguidade de nosso enunciado se deve, pois, ao que Bakhtin chama de *inter-relação das linguagens*[56]. A fórmula "engordurar as mãos na poeira" supõe, com efeito, duas consciências linguísticas: uma que representa; outra que é representada. Condensando os valores contraditórios de "gordura" e "poeira", a fórmula diz ao mesmo tempo o que a leitura representa de positivo aos olhos de Emma e o que, na realidade, ela veicula de negativo: Emma acredita se livrar da sujeira do mundo pela lei-

---

[54] Em francês, as palavras *"poudre"* ('pó') e *"poussière"* ('pó, poeira') têm, é claro, a mesma raiz etimológica. Mas nem por isso deixam de apresentar conotações diferentes, sobretudo aos olhos de um leitor moderno.

[55] *Madame Bovary*, *op. cit.*, p. 262-263.

[56] Cf. M. Bakhtin, *Esthétique et théorie du roman*, *op. cit.*, p. 175ss.

tura (untamos as mãos para nos prevenirmos contra a poeira), mas tudo o que faz é passar de uma corrupção a outra. Os livros que se apresentam como uma maneira de embelezar a vida (ponto de vista da personagem) conduzirão progressivamente à morte (ponto de vista do narrador).

Mesmo um "livro sobre nada" é recebido, portanto, como um livro sobre alguma coisa: a literatura não pode — apesar do que se diga dela — ser reduzida à musicalidade das palavras.

A dimensão intelectual: discursos sobre a leitura e o sentido da vida

Através desse quadro de Emma a ler, o texto nos fala da *leitura em sua relação com a vida e a morte*. Eis algumas das postulações que podemos deduzir do enunciado: ler é um remédio que pode se transformar em veneno; a leitura pode embelezar a vida, mas também afastar da vida (a força da ilusão é então proporcional à da desilusão); ler responde a uma necessidade de compensar a insuficiência do real (ou "ler cria o sentimento da insuficiência do real"); há um modo de ler destrutivo (que é o reflexo invertido do que seria um modo de ler construtivo); a má leitura depende da atitude do leitor, mas também do tipo de livro lido (disso se pode inferir o que o romance de Flaubert busca provocar e como convém lê-lo). Em suma, a leitura tem a ver com a alienação, a dependência, a doença, a morte, o veneno, mas também com a proteção, o refúgio, o alisamento e o embelezamento.

O enunciado veicula, portanto, certo número de conteúdos. Resta saber por que ele veicula justamente esses conteúdos. Responder essa pergunta supõe passar da interpretação à explicação[57]. A explicação consiste, de fato, em esclarecer o conteúdo destacado, interrogando-se sobre suas causas. Trata-se de trazer à luz determinados fatores (biografia, cultura, história, sociedade etc.) que permitem compreender por que um texto exprime o que exprime.

A título de exemplo, proporemos uma explicação antropológica de nosso enunciado com base nas análises de T. Pavel sobre a origem e a evolução do gênero romanesco[58]. A tese de Pavel é que o objeto de atenção do romance é sempre o

[57] Voltarei mais adiante à distinção entre explicação e interpretação; e, de modo mais geral, à questão complicadíssima da significação.
[58] Cf. *La Pensée du roman*. Paris: Gallimard, 2003, p. 288ss.

mesmo: o homem individual apreendido em sua dificuldade de habitar o mundo. A esse respeito, duas tradições se enfrentam ao longo de sua história: a do idealismo, persuadido de que o indivíduo pode dar um sentido a sua vida submetendo-a a um absoluto; a do ceticismo, convencido da imperfeição do homem e da inutilidade dos esforços que ele empreende para escapar de sua triste condição. Essa segunda tradição se encontra no século XIX na obra de Flaubert. Ele mostra a inanidade da visão idealista pondo em cena personagens que, embora reféns de um mundo entregue à mediocridade, imaginam poder escapar da realidade sombria. Mas a força do texto de Flaubert está em atacar ao mesmo tempo a *visão de mundo* idealista e os *romances que a propagam*. *Madame Bovary* mostra, de fato, que o romance idealista, ao difundir uma imagem exaltadora do amor, suscita um desejo que não pode ser satisfeito. O texto então não se contenta em denunciar uma visão artificial: ele desmonta as engrenagens dessa visão, tornando-as visíveis. Ao desvelar assim os mecanismos do desejo, o relato de Flaubert se inscreve nesta "verdade romanesca" que R. Girard opõe à "mentira romântica": "O romancista é o único a descrever essa gênese verdadeira da ilusão pela qual o romantismo sempre responsabiliza um sujeito solitário"[59].

A frase que nos ocupa faz dialogar, portanto, dois pontos de vista sobre a leitura e que ela consegue condensar. A presença de tal conteúdo se explica da seguinte maneira: herdeiro de uma problemática própria ao gênero e tributária da história cultural, o romance de Flaubert levanta, a seu modo (e através dos desafios próprios ao século XIX), a questão multissecular do lugar do indivíduo no mundo.

O valor expressivo do enunciado é, como se mostrou, indissociável da escolha dos termos e de sua ordenação. Se nenhum estudo literário pode abrir mão de uma reflexão sobre a forma, portanto, não é unicamente por causa do poder de sedução que geralmente se lhe atribui.

[59] R. Girard, *Mensonge romantique et vérité romanesque. Paris*: Grasset, 1961, p. 31.

VELHA SENHORA CANSADA: VENTURAS E DESVENTURAS DA ESCRITA

Para nossa modernidade, é difícil dissociar a dimensão artística do trabalho formal. Desse modo, para Jakobson, o que caracteriza o texto literário é a evidenciação da materialidade dos signos, a exploração da "função poética da linguagem", em outros termos, dos recursos musicais ou gráficos do significante linguístico:

> Se as artes plásticas são uma formalização do material visual de valor autônomo, se a música é a formalização do material sonoro de valor autônomo e a coreografia, do material gestual de valor autônomo, então a poesia é a formalização da palavra de valor autônomo[1].

Se deixarmos o plano da criação e se passarmos ao da recepção, as coisas não mudam fundamentalmente: de Kant a Genette, a re-

---

[1] R. Jakobson, La Nouvelle poésie russe, *in*: *Huit questions de poétique*. Paris: Seuil, 1977 [ed. or.: 1919], p. 16.

lação estética é definida como assunção da forma em detrimento do conteúdo. Pouco importa que a obra seja descrita como "atenção desinteressada" (incidindo não sobre o objeto, mas sobre sua representação) ou "atenção aspectual animada por e orientada para uma questão de apreciação"[2], o amante da arte é tido como aquele que se concentra na aparência.

Resta saber o que é que recobre exatamente esse interesse privilegiado pela forma.

Forma, onde está tua vitória?

Digamos sem rodeios: o que permite a uma obra passar à posteridade raramente está ligado a seu "aspecto". A prova está em que nos interessamos por bom número de textos antigos, cuja estética hoje nos parece completamente anacrônica. O recurso às formas fixas, o respeito à regra das três unidades, o polimento dos grandes períodos oratórios não garantem mais — longe disso — o prazer estético. Se Baudelaire, Racine ou Victor Hugo continuam a nos interessar é porque a "força" ou o "valor" de seus textos resultam de algo diferente de uma qualidade de escrita, cujo impacto se estiola inevitavelmente com o tempo (e com a evolução do gosto que ele produz). Por sinal, é perfeitamente lógico — se admitirmos que a ideia de belo é cultural — que o valor de uma obra aos olhos da posteridade não é resultado de seu aspecto estético. Desse ponto de vista, um neokantiano como Genette[3], que deduz do primado concedido à forma um relativismo radical, é mais consequente que um Jakobson, ainda vagamente obsedado pela busca de propriedades ontológicas do literário.

Outra constatação leva a relativizar a importância da escrita: as "obras-primas" enfrentam tranquilamente a prova da tradução (inclusive no

---

[2] G. Genette, *La Relation esthétique, op. cit.*, p. 16.

[3] Genette condivide o subjetivismo de Kant, mas censura o autor da terceira *Crítica* por sua rejeição do relativismo: "Sua estética é tipicamente subjetivista, mas ela se guarda, ou melhor, ela se defende tanto quanto pode do relativismo que me parece decorrer dessa posição", *ibid.*, p. 82.

campo da poesia). Podemos apreciar *Dom Quixote* sem saber espanhol ou *O som e a fúria* sem dominar a língua inglesa. Se toda escrita, mesmo a mais "genial" é "transponível", pode-se concluir ou que é relativamente fácil fazer uma obra de arte (o que está longe de ser comprovado pela experiência), ou que o valor artístico não decorre unicamente das qualidades formais. Em apoio dessa segunda hipótese, notaremos que, na passagem de uma língua para outra, é mais fácil restituir as estruturas globais de um texto (a arquitetura do conjunto, as escolhas acerca do modo de narração ou do tipo de enfoque) do que as formas locais (aliterações, efeitos de ritmo, trocadilhos); ora, os primeiros são indispensáveis para a construção do sentido, enquanto os segundos desempenham uma função essencialmente estética. A tradução reproduz, portanto, inicialmente um conteúdo.

Quer dizer que a forma não desempenha papel algum em nossa relação com a obra literária? Que o prazer propriamente estético não conta? Que Dante, Mallarmé, Proust, Kafka teriam passado para a posteridade mesmo que ninguém tivesse sido sensível a sua escrita? É claro que seria um absurdo defender uma posição dessas. A forma desempenha um papel, justamente o papel de suscitar prazer. Mas essa função da escrita não tem a mesma importância nas diferentes etapas da vida de um texto.

O bônus de sedução

É no momento da primeira edição da obra que o prazer suscitado pela forma desempenha um papel fundamental. A razão disso é simples: não há nenhuma razão para prolongar o contato com um objeto estético que não proporcione nenhuma satisfação. É claro que podemos extrair prazer de uma obra por conta de seu conteúdo; mas o conteúdo só se desvela pouco a pouco, ao passo que o confronto com a escrita é imediato. Se a leitura não gerar imediatamente prazer, frequentemente rejeitaremos o livro antes de ter uma visão mais precisa do que ele tem a dizer. A função *primeira* da forma (no sentido cronológico do termo) é, então, oferecer um "bônus de sedução". Mas, na realidade, trata-se de bem mais do que um bônus: é uma condição *sine qua non*.

Essa convicção de que o prazer é essencial para a relação estética está na base da abordagem de Schaeffer. Ela o leva a questionar o famoso "desinteressamento" que, segundo Kant, caracterizaria nossa relação com o belo. Para o autor dos *Celibatários da arte*, a relação estética não poderia ser considerada como "desinteressada"[4], visto que é motivada pela busca do prazer. Mais exatamente, ela se apresenta como uma "atividade cognitiva regulada por seu índice de satisfação interna"[5]. Em outros termos, na conduta estética, o prazer não depende do *resultado* da atividade cognitiva, mas está ligado a seu próprio *desenrolar*. Quando monto um móvel com a ajuda de um manual de instruções, a atenção que dou ao manual não me proporciona prazer enquanto tal. Para experimentar alguma satisfação, precisarei esperar ter decifrado as instruções e, sobretudo, ter constatado que elas me permitiram montar o móvel corretamente (o que nem sempre é o caso). Em contrapartida, se a atenção que dou a uma flor, a uma pintura ou a uma obra literária não gera prazer enquanto tal, não tenho razão alguma para prolongá-la, visto que a atenção estética não tem outra finalidade, a não ser a busca do prazer. A conduta estética é, portanto, uma atividade cognitiva integral (ela passa pela apreensão de um objeto do mundo), mas que se distingue por sua funcionalidade: ela visa a uma satisfação concomitante à percepção e não obtida posteriormente.

Na ausência de prazer estético, não existe, de fato, razão alguma para manter, ou para se *engajar* na relação com a obra de arte[6]. Mesmo as obras do passado que continuam a despertar nosso interesse, apesar

---

[4] Para ser exato, a satisfação estética é, segundo Schaeffer, *desinteressada* quanto à existência do objeto (só a representação do objeto lhe importa), mas *interessada* quanto à busca de satisfação.

[5] J.-M. Schaeffer, *Adieu à l'esthétique, op. cit.*, p. 49.

[6] Poderíamos objetar que as coisas são um pouco diferentes se os críticos estimulam muito a ler um texto, ou quando o autor é francamente conhecido. Mas, no primeiro caso, os próprios críticos, quando não sabem nada de um texto, nem de seu autor, recorrem aos critérios formais. No segundo caso, deparamos, em pequena escala, com o fenômeno das obras sancionadas pela posteridade: espera-se de sua leitura um benefício, no mínimo, intelectual.

de uma forma dessueta, tiveram, no momento de sua primeira edição, de enfrentar a prova do julgamento estético. Senão, ninguém nunca as teria lido. Podemos, então, afirmar que toda obra considerada hoje como literária foi, em dado momento, acolhida como esteticamente bem-sucedida. Por isso, como vimos, as definições genéricas e institucionais da literatura não questionam o vínculo estrutural entre obra de arte e bom resultado estético: se determinado gênero pode se tornar o índice de uma identidade artística é porque o que agradou em uma época foi progressivamente se constituindo em um conjunto de regras reconhecido (pelo menos, por um tempo) como esteticamente eficaz.

A qualidade da forma está, portanto, na origem do sucesso inicial da obra. Mesmo assim, ela não bastaria para explicar o motivo pelo qual uma obra sobrevive. Claro que pode acontecer de alguém experimentar prazer estético lendo uma obra do passado, mas esse é um feliz acaso (e, ao final das contas, muito raro). Tudo bem ponderado, a escrita corresponde àquilo que existe de mais frágil no prazer literário: serão apreciados, segundo as épocas, o alexandrino ou o verso livre, as frases curtas ou as frases longas, o estilo carregado ou a escrita despojada etc. Entender o que constituía o deleite da obra na época de sua criação não é o bastante para tornar a obra aprazível hoje[7].

Portanto, é difícil definir a obra de arte como "um documento histórico que continua a produzir uma emoção estética"[8]. Uma obra de arte é justamente um objeto que continua a prender a atenção, mas isso não (obrigatoriamente) por causa de sua "beleza": quase sempre, é o contrário: é porque ela possui outras propriedades, para além de suas qualidades formais. O que atrai, o que fascina no texto literário é sempre algo de mais fundamental que essa ou aquela virtude da escrita.

---

[7] A única maneira de prolongar o deleite estético de uma escrita é adotar os princípios de tradução de A. Markowicz: transpor a velha forma para uma forma que, falando ao público de hoje, provoque sentimentos similares. Se o desafio é reconstituir uma emoção, de fato, é absurdo traduzir iâmbicos gregos por iâmbicos (conferência proferida em Bordeaux em 23 de novembro de 2006, no quadro do colóquio "Le lecteur engagé").

[8] A. Compagnon, *Le Démon de la théorie*. Paris: Seuil, 1998, p. 239.

Da forma ao conteúdo

Raciocinemos em termos simples: se as obras atravessam os séculos a despeito do caráter cultural da forma, é porque possuem outras propriedades. Tais propriedades têm uma importância decisiva, porque seu impacto não é conjuntural. Quando a sedução da escrita (inevitavelmente) se estiola, essas propriedades permanecem e se impõem como o verdadeiro critério do valor de uma obra. Se essas propriedades não resultam da forma, só resta uma explicação: elas provêm do conteúdo. De fato, com o tempo, o que constitui o valor de uma obra não decorre mais de sua escrita, mas do sentido que ela veicula. Por sinal, notaremos que a noção de "obra de arte" evoca espontaneamente a de "objeto cultural", como se as obras de arte *importantes*, aquelas que *permanecem*, extraíssem seu valor daquilo que elas exprimem ou significam, mais que da emoção estética que elas, por vezes, ainda possam suscitar.

Mas não concluamos ainda que a forma não tenha mais interesse; é que esse interesse se *desloca*: ele não se prende mais a sua eventual dimensão estética, mas às relações estreitas que essa dimensão estética mantém com o conteúdo. É por isso que podemos apreciar as tragédias de Racine, os sonetos de Baudelaire, a poesia de Camões[9], sem nem por isso desejar que essas formas de escrita assumam o primeiro plano da vida literária. O importante é a maneira particular — portadora de desafios específicos — com que Racine explorou os recursos do gênero trágico e Baudelaire, os do soneto. Desse modo, mesmo que não sejamos mais sensíveis à estética raciniana (*grosso modo*, isso bem pode acontecer), podemos apreciar o "efeito de surdina"[10] que se depreende de suas peças (em outros termos, um fenômeno formal) por aquilo que ele exprime. Como Leo Spitzer demonstrou, os diversos procedimentos de atenuação que encontramos na tragédia raciniana (desindividualização pelo artigo definido, plurais apagando os contornos, expres-

[9] Se muitos ainda desfrutam da dimensão estética dessa poesia é porque ela participa de uma atmosfera cultural na qual, em muitos aspectos, continuamos imersos.

[10] Cf. L. Spitzer, *Études de style*. Paris: Gallimard, 1970, p. 208-335.

sões perifrásticas etc.) dão testemunho, para além de seu valor estético eventual, de uma concepção do eu que é ainda muito atual: o recalque dos sentimentos (cuja atenuação é a tradução estilística) não apenas coexiste com a violência interior que habita o herói raciniano, mas é provavelmente a sua origem. Em outro registro, a "organicidade" das fábulas de La Fontaine (cada uma se apresentando como um todo autônomo) dá testemunho, no plano do conteúdo, da síntese entre a visão de mundo herdada da Idade Média e a renovação cultural encarnada pelo Renascimento: ela se explica pelo "encontro da modesta ideia medieval do macrocosmo e do microcosmo, na qual o homem é a imagem da criação, e a orgulhosa ideia do Renascimento, pela qual o artista, semelhante a Deus, imagina um mundo [...]"[11]. Mesmo quando um texto não tem realmente sentido, ele exprime algo mediante sua enunciação. Desse modo, a poesia letrista — na qual os signos do alfabeto são combinados de modo "instintivo" sem reproduzir as palavras da língua — pode ser interpretada como rejeição da regra e das tradições, uma revolta contra um mundo rígido e utilitário, ou ainda uma valorização do elementar, reatando com a humanidade original.

Com o tempo, o valor da forma emigra do plano estético para o plano semântico. A esse respeito, vale notar que as teses de literatura (sintomáticas da posteridade de um *corpus*) incidem na maior parte do tempo sobre a questão do sentido (os estudos temáticos e históricos, mesmo que utilizem a poética e a narratologia como instrumentos, continuam, não importa o que digam, amplamente dominantes). Quando os trabalhos universitários se interessam prioritariamente pela forma, não é para mostrar em que consiste um "belo" texto (isso certamente provocaria um sorriso divertido da banca examinadora), mas para identificar *o que ela exprime*: estudar o naturalismo huysmansiano ou a frase proustiana nunca é limitar-se ao plano estético; é se perguntar em que escolhas de escrita dão testemunho de um olhar sobre o mundo e sobre a existência. Em suma, nos estudos literários, a não separação fundo/forma é sempre feita em proveito do fundo. Se ler uma obra contempo-

[11] *Ibidem*, p. 197.

rânea é, de início (pela força das coisas) perguntar em que ela nos agrada, receber uma obra do passado (no sentido amplo de obra sancionada pela posteridade) é se interrogar sobre o que ela significa.

INTERLÚDIO 2

A ILUMINAÇÃO DA ESCRITA

(J. Gracq, La Presqu'île)

A obra de Julien Gracq (1910-2007) está, sem dúvida, muito próxima de nós no tempo. Mas o importante, para nossos propósitos, é que ela faz parte do *corpus* literário institucionalmente validado. Se, por um lado, o trabalho da escrita é manifesto e responde a exigências estéticas, também enfrenta certo número de desafios. É essa relação entre forma e conteúdo que vou tentar esclarecer.

Aguardando a chegada de Irmgard no trem da tarde, Simon se dirige de carro ao mar, a Kergrit. Ele antevê em pensamento, de um lado, a paisagem do mar no final do dia ("a glória das praias", a "acalmia tardia"); do outro, o que será esse mesmo trajeto na companhia da jovem. A evocação termina com a imagem de Irmgard sorrindo na noite de vento e parecendo ainda mais jovem do que é.

> O campo se desdobrava e vivia agora desabrochado sob o sol, fresco e limpo pela chuva. Saint-Rolf com a torre rústica e atarracada de seu sino abriu diante do carro e fechou de novo num pé de vento sua fatia de casas baixas; bruscamente, a verdura ácida das sebes, caiada pelo ar salgado, se descoloriu, virou um cinza gasto de salicórnia. Contudo, a acalmia que se fizera nele continuava; ele achava um encanto novo naqueles lotes desbotados, iluminados já pelo mar que eles ainda ocultavam. Ocorria com ele o mesmo que com essas estampas baratas, cujas manchas coloridas jamais vêm mobiliar, a não ser aproximadamente, o contorno das silhuetas; a emoção jamais coincidia perfeitamente com sua causa: era *antes* ou *depois* – antes mais que depois. Mas claramente agora se aproximava. O sol era jovem e gaiato, o vento cru e como que decapado expulsava os últimos vestígios de névoa e devolvia a todos os contornos uma nitidez alerta e estridente. Num dado momento, ele se sentiu atravessado pelo sentimento agradável da seca clara e varrida, vítrea, cheia de ozônio,

das estradas de outono que o vento livra das folhas amarrotadas pela primeira geada branca, e que lhe abria o mundo a cada vez como uma relha. Um solar com torrezinha em meio a seu bosque de pinheiros se perfilou sobre um penedo baixo em pleno céu vazio, como se o segundo plano, de repente, tivesse desmoronado; o reflexo de mercúrio subiu mais brilhante por trás das sebes que ainda o recortavam, e o horizonte, de repente, pendulou no mar[12].

A narração: o apagamento das fronteiras entre o eu e o mundo

A história é contada por um narrador anônimo, mas através do ponto de vista do personagem. Se o relato em terceira pessoa introduz uma distância (apresentando Simon do exterior), a focalização interna permite ficar o mais perto possível da percepção subjetiva do protagonista: esse vaivém entre o interior e o exterior tem como efeito borrar as fronteiras entre a alma e o mundo, a paisagem mental e o espaço natural. O eu é apresentado como fazendo parte integrante de um universo no qual ele imerge naturalmente.

Outra particularidade desse relato tem a ver com o *status* do acontecimento. Os advérbios do surgimento não remetem a um fato marcante, a um nó da história, mas às variações da paisagem. O "bruscamente" da primeira frase assinala uma mudança de tempo (o céu fica cinzento); a locução "de repente", que ocorre duas vezes no final do trecho, se aplica às metamorfoses do panorama (o "segundo plano" desmorona e o "horizonte" oscila). Se o inesperado não está ausente do texto, ele apresenta, assim, um aspecto muito particular: já não está ligado à ação, mas aos acasos do tempo, à luminosidade da paisagem.

Também se observará que o interesse da história se deve menos ao que se passa do que ao que se adivinha. O trecho se refere explicitamente, com efeito, a uma poética da não coincidência: "Ocorria com ele o mesmo que com essas estampas baratas, cujas manchas coloridas jamais vêm mobiliar, a não ser aproximadamente, o contorno das silhuetas". Essa "aproximação" nada tem de negativo: ela abre espaços onde o imaginário pode se desdobrar. Simon pode sentir assim a emoção da "acalmia tardia" antes de vê-la, tanto quanto pode degustar o prazer de seu pas-

12 Cf. Isidore Isou, *Introduction à une nouvelle poésie et à une nouvelle musique*. Paris: Gallimard, 1947.

seio com Irmgard antes que ele se produza. À imagem da península (*presqu'île*), terra estendida para o mar, o personagem goza de reencontros ainda por vir, mas dos quais cada instante o aproxima. Como vai nos confirmar a análise do tempo, a felicidade está menos no acontecimento do que naquilo que dele se separa.

O jogo dos tempos: a presença no mundo como abertura aos possíveis

Embora o trecho contenha diversos pretéritos perfeitos, o tempo dominante é o imperfeito. Trata-se, essencialmente, de um imperfeito durativo ("o campo se desdobrava"; "ele achava um encanto novo" etc.), restituindo a ação no inacabamento e na abertura que lhe cabiam no momento em que se desenrolava. O passado, assim, é revivido como presente, na indeterminação de um acontecimento em curso. Esse valor é confirmado pelo emprego reiterado de "agora", que se ancora no momento da história e não no da narração: "O campo [...] vivia agora desabrochado sob o sol"; "Mas claramente agora se aproximava". O narrador, recusando-se a explorar a postura de recuo que o relato retrospectivo lhe permite, pode assim narrar sem fechar os possíveis.

Mas a escrita não se apega somente a apresentar o passado como presente; ela visa também fazer aparecer "daqui a pouco" através de "agora". Se o narrador se esforça por captar o mais precisamente possível os matizes transitórios do instante, por reproduzi-los no curso da frase, o momento evocado só vale na medida em que se prolonga no futuro. É por isso, nesse relato no passado, que o movimento dominante permanece paradoxalmente o da antecipação. As horas que separam da junção acentuam a percepção: a felicidade está em "se aproximar" mais do que em "atingir".

Enfatizemos que não há contradição entre a valorização do instante presente e o movimento de antecipação. Viver *plenamente* o instante presente é vivê-lo nele mesmo *e* através dos possíveis de que ele é portador. A presença no mundo é assim, ao mesmo tempo, completamente física e inseparável do trabalho do imaginário. O importante, no momento vivido, são as promessas.

O trecho também dá testemunho de uma relação existencial com o tempo: ao restituir o passado como um presente aberto para o futuro, ele mostra que o sentimento de existir se confunde com a sensação da duração. A conjunção, na mesma frase, do singulativo ("Num dado momento, ele se sentiu atravessado") e do iterativo ("que lhe abria a cada vez") materializa o volume de um instante que desperta as sensações passadas. Na ótica do narrador, o presente jamais está fechado sobre si mesmo: ele remete ao antes ou ao depois. É o que sublinha a associação dos termos "já" e "ainda": "Ele achava um encanto novo naqueles lotes desbotados, iluminados *já* pelo mar que eles *ainda* ocultavam" (grifo meu). O prazer se deve ao mesmo tempo à duração ("ainda" prolonga um processo que deveria ter se interrompido) e a abertura ("já" antecipa uma ação que não deveria ter se desencadeado).

Se o objeto do desejo é a plena presença no mundo, compreende-se que a paisagem exerça um papel de primeiro plano. A imersão não é somente temporal, também é geográfica.

A dinâmica da descrição: a paisagem como motor da história

A paisagem é, do início ao fim do nosso trecho, sujeito de verbos ativos: Saint-Rolf "abr[e]" e "fech[a]" a perspectiva diante do carro de Simon; a verdura das sebes "se descolor[e]"; o vento "abr[e]" o mundo. O espaço é mais do que um simples cenário: é o verdadeiro motor da ação. Isso fica particularmente nítido na última frase: "O horizonte, de repente, pendulou no mar". Tem-se a impressão de que não é Simon que avança na paisagem, mas a paisagem que se metamorfoseia sob seu olhar.

Para mostrar que a natureza é uma força agente, o texto, além disso, se empenha em remotivar as fórmulas lexicalizadas que fazem referência aos elementos. Assim, não é somente no sentido figurado que Saint-Rolf "fech[a] de novo num *pé de vento* sua fatia de casas baixas": a expressão é chamada pela presença efetiva do vento. O mesmo vale para a ênfase: "Mas *claramente* agora se aproximava": o advérbio, mesmo conservando seu sentido habitual ("evidentemente"), remete à luz do sol que acaba de surgir e anuncia "a seca clara" das estradas de outono.

O texto, por meio do léxico, não hesita em "humanizar" o cenário: a torre de Saint-Rolf é "atarracada"; o sol é "jovem e gaiato"; os contornos da paisagem têm uma nitidez "alerta". A isotopia do "rejuvenescimento" mostra que o campo faz as vezes de Irmgard no pensamento de Simon: "desdobrado", "desabrochado" e "fresco", ele pode facilmente — e, por assim dizer, *naturalmente* — substituir a jovem.

Simetricamente, o personagem é apresentado como um elemento do mundo natural. Quando o narrador, constatando que o tempo piora, comenta: "Contudo, a acalmia que se fizera nele continuava", o que pressupõe um vínculo de causa e efeito entre a paisagem e o humor de Simon. Como se a monotonia exterior devesse naturalmente conduzir a uma monotonia interior.

De modo geral, o texto se empenha em fazer desaparecer a oposição entre o sentimento do eu e a sensação do mundo. A construção passiva ("Num dado momento, *ele se sentiu atravessado*") faz do indivíduo um receptáculo da natureza. Observe-se que essa imersão na paisagem convoca todos os sentidos: a visão, é claro, mas também o paladar (a verdura das sebes era "ácida"), a audição (a nitidez é "estridente"), o tato (Simon se sente "atravessado") e o olfato (a seca é "cheia de ozônio"). O personagem parece se amalgamar com o espaço e o tempo: nada mais o distingue do lugar onde se encontra e do instante que vivencia.

A escrita gracquiana, portanto, testemunha uma visão do sujeito. O eu não se opõe ao mundo: faz parte dele e influi sobre ele num permanente jogo de trocas. O pensamento afeta o espaço e o espaço determina o pensamento. É somente ao recuperar esse vínculo íntimo que o une ao sensível em cada lugar e a cada instante que o indivíduo pode experimentar plenamente o sentimento de existir. Mas, desde logo, a presença do outro não é mais indispensável. O ideal de fusão faz de toda mediação um obstáculo; por isso, Simon não precisa mais de Irmgard. A comunhão com a natureza se acomoda sem arrependimento com a solidão. É o que confirmará o fim da novela, em que o reencontro com a jovem será finalmente vivido como um fechamento dos possíveis.

O SENTIDO EM TODOS OS SEUS ESTADOS

Se o interesse de uma obra resulta do conteúdo que ela veicula, a autonomia dos estudos literários é uma questão legítima. Como fazem valer os estudos culturais anglo-saxônicos, toda forma social é significante, todo objeto cultural é portador de sentido. Por que, então, reservar um lugar de exceção à literatura?

Reservar a ideia de uma singularidade do literário e o privilégio concedido à significação só é possível com uma dupla condição: mostrar que o conteúdo de um texto literário tem uma especificidade e que essa especificidade tem um valor. É a isso que devemos dar atenção. Mas, antes, especifiquemos o que se entende por "sentido" de um texto literário.

Basta ler qualquer análise, estudo ou resenha, para constatar que, quando abordamos o texto literário sob o ângulo da significação, utilizamos indiferentemente uma série de termos de definição incerta, que não dão facilmente ideia exata do que o comentador está querendo fazer. É assim que falamos de "compreensão", de "interpretação", ou de "leitura" para qualificar a relação com o texto; evocamos a "ambiguidade", a "polissemia" ou o "sentido plural" para pontuar os desafios de uma obra; os traços "semânticos" são captados por meio de pares terminológicos muito intuitivos como "sentido literal e sentido secundário", "sentido manifesto e sentidos ocultos", "denotação e conotações".

Quanto à noção de "conteúdo", ela é mais fluida ainda e serve para pontuar dimensões extremamente diferentes do texto. *A priori*, ninguém se chocará ao ouvir, a propósito de determinada peça de Racine, falar de um conteúdo "mitológico", "político" ou "freudiano", desde que se evoque, no primeiro caso, a natureza dos personagens postos em cena e da história que é narrada; no segundo, os resultados de um ponto de vista sobre a peça que faça surgir nela o implícito em um campo delimitado e, no último, a conformidade do texto com um modelo de interpretação independente da obra e que tem uma coerência própria.

Vários trabalhos se aferraram a essa questão complicada[1]. Uma das tipologias mais convincentes é a de Umberto Eco, que distingue o sentido pretendido pelo autor, o sentido manifestado pelo texto e o sentido captado pelo leitor[2]. Mas, apesar da clareza aparente dessa classificação, cada um dos sentidos catalogados é problemático.

O sentido pretendido

Uma primeira posição consiste em pensar que o sentido de um texto não é separável da intenção do autor. O texto literário é, com efeito, inicialmente, o resultado de um projeto. A. Danto afirma que, se a obra de arte se define por aquilo que ela exprime, a interpretação "deve, pelo menos, ser governada pelas crenças do artista [...], senão interpretar equivale a ver

---

[1] Mencionaremos, entre outros, R. Barthes, *Critique et vérité*. Paris: Seuil, 1966; F. Rastier, *Sens et textualité*. Paris: Hachette, 1989; J.-L. Dufays, *Stéréotype et lecture*. Liège: Mardaga, 1994; M. Charles, *Introduction à l'étude des textes*. Paris: Seuil, 1995.

[2] Trata-se, respectivamente, da *intentio auctoris*, da *intentio operis* e da *intentio lectoris* (U. Eco, *Les Limites de l'interprétation*. Paris: Grasset, 1992 [ed. or.: 1990], p. 29ss.).

formatos de rostos nas nuvens"[3]. Em outros termos, o interesse de uma obra de arte é o de nos apresentar o mundo através de uma sensibilidade particular — a de seu criador. Perseguir em um texto as marcas de um intenção é tanto mais natural quanto a obra de arte provém de uma *causalidade Intencional*, em outros termos, de uma atividade mental consciente[4].

Percebamos que, não obstante a proclamação da "morte do autor", a busca do sentido pretendido não desertou dos estudos acadêmicos. É muito frequente, para não dizer sistemático, comentar um texto particular com referência aos outros escritos de seu autor[5]. Ora, tal procedimento[6], geralmente eficaz, pressupõe que o sentido pertinente é aquele pretendido pelo escritor (e não o sentido imanente ao texto que se está lendo). Há em *Un balcon en forêt*, de J. Gracq, uma passagem que deixa a crítica muito intrigada. O aspirante Grange, em serviço perto da fronteira belga durante "a maldita guerra", recusa uma transferência que o tiraria da linha de frente de combate. Ora, nos diz o texto, a recusa de Grange não se explica nem por "uma questão de honra", nem pelo desejo de ficar perto de Mona, sua jovem amante. Se Grange se recusa a deixar a fortaleza de Ardennes, da qual ele tem o comando, é porque se sente "respirar como nunca antes"[7]. Como explicar que uma situação tão desconfortável (a expectativa do efetivo início da guerra) permita "respirar melhor"? Em que a perspectiva de um acontecimento penoso pode ser uma condição de felicidade? Encontramos uma explicação

---

[3] A. Danto, *La Transfiguration du banal, op. cit.*, p. 210.

[4] Ver *supra*, pp. 23-25.

[5] Podemos ampliar ao conjunto das produções de um autor a observação de A. Compagnon sobre as "passagens paralelas". De certa maneira (e se aceitarmos a ideia de que um escritor escreve sempre mais ou menos a mesma coisa), todas as passagens de sua obra são "paralelas": "Uma passagem paralela do mesmo autor parece ter sempre mais peso para esclarecer o sentido de um termo obscuro do que uma passagem de um autor diferente: implicitamente, o método das passagens paralelas faz apelo, então, à intenção do autor, senão como desígnio, premeditação ou intenção prévia, pelo menos como estrutura, sistema e intenção em ato" (*Le Démon de la théorie, op. cit.*, p. 81).

[6] É o famoso "círculo hermenêutico" (a formula é de Dilthey) que encontramos em Schleiermacher: o texto só pode ser entendido no horizonte da obra, que, ela própria, só pode ser apreendida através dos textos que a compõem (cf. *Herméneutique*. Paris: Le Cerf, 1989 [ed. or.: 1805-1829]).

[7] J. Gracq, *Un Balcon en forêt*. Paris: Éditions José Corti, 1958, p. 140.

em um dos primeiros textos de Gracq, *Un Beau ténébreux*, bem anterior ao *Balcon en forêt*. O personagem Allan se dirige nos seguintes termos ao narrador, Gérard:

> A verdade é triste, como você bem sabe. Ela desilude porque restringe. [...] Ela é pobre, ela desmobilia e despoja. Mas quando uma verdade se aproxima [...] mesmo ainda apenas pressentida, faz-se na alma dilatada para recebê-la um desabrochar amoroso [...][8].

Se a felicidade está na "aproximação" do acontecimento (e não no contato com ele), é porque a expectativa permite a plena presença no mundo. A perspectiva de um acontecimento temido, pela intensidade que ela confere aos instantes que o precedem, reforça a relação de intimidade que nos une ao todo. É exatamente isso o que Grange descobre em *Un balcon en forêt*: a expectativa do efetivo desencadeamento das hostilidades confere um valor particular a cada minuto que o separa da catástrofe. Essa celebração da expectativa pela expectativa se encontra em *La Presqu'île*[9] e na maioria dos escritos de Gracq. Haveria, então, uma visão de mundo própria do escritor que cada um de seus textos declinaria a sua própria maneira.

Se o texto é apreendido como o resultado de uma intenção, conhecer o contexto de escrita se torna indispensável para a compreensão. Como Searle demostrou, não existe obrigatoriamente coincidência entre o sentido linguístico de uma frase (*sentence meaning*) e o sentido da enunciação (*utterance meaning*). Entender uma frase e entender o que o falante quis dizer ao enunciá-la não se recobrem necessariamente. É isso, sem dúvida, o que explica a extraordinária resistência da crítica contextual e histórica, que, apesar dos golpes brutais que lhe foram desferidos pelo formalismo e pelo estruturalismo, jamais desapareceu.

Mesmo assim, conduzir o sentido de um texto ao sentido pretendido pelo autor está longe de ser algo claro.

---

8 J. Gracq, *Un Beau ténébreux*, *in*: *Œuvres complètes*, vol. I. Paris: Gallimard, 1989 [ed. or.: 1945], p. 209-210.

9 Simon chega à seguinte conclusão: "Basta apenas esperar, ele ainda pensou. Só esperar" (*La Presqu'île*, *op. cit.*, p. 171).

Logo de início, notaremos que o texto literário nem sempre resulta de uma "intenção de significação". E não só isso: o projeto do escritor pode ser alheio à questão do sentido (determinados autores visam apenas produzir um efeito estético), mas pode haver textos escritos sem objetivo semântico particular, com o propósito de serem preenchidos de conteúdos originais pelo leitor. É o caso de *Cente mille milliards des poèmes* de Queneau e, mais geralmente, das "obras abertas", tais quais Eco as define[10].

Também podemos nos perguntar se a identificação de um sentido intencional é simplesmente possível. O artista pode fazer mais, menos ou algo completamente diferente daquilo que tinha na cabeça — supondo-se, é claro, que tenha plena consciência daquilo que tinha em mente[11]. Se concordarmos com a ideia de que o autor nunca está inteiramente presente a si mesmo e de que não há necessariamente uma distância entre uma intenção e sua realização efetiva, teremos de reconhecer que o leitor se confronta menos com o sentido pretendido e mais com o sentido que o texto tem de fato. Deduzir dos sentidos diversos e variados veiculados pelo texto aquilo que o autor tinha exatamente a intenção de significar já é adivinhação[12].

Contudo, a dificuldade, ou até a impossibilidade, de detectar o sentido intencional da obra não tem nada de dramático. "Que significa o texto?" e "qual é o projeto que está na origem do texto?" são duas perguntas não apenas diferentes, mas independentes. Se tal não fosse o caso, a leitura de textos anônimos ou de autores desconhecidos do leitor seria

[10] "Trata-se (se se considera o fenômeno de modo grosseiro) de obras inacabadas que o autor confia ao intérprete, um pouco como os pedaços de um Meccano; diríamos que ele se desinteressa da sorte delas" (U. Eco, *L'Oeuvre ouverte*. Paris: Seuil, 1965 [ed. or.: 1962], p. 17-18).

[11] Sem obrigatoriamente nos referir ao inconsciente, basta lembrar a bem conhecida constatação de Proust: "Um livro é o produto de um outro eu, diverso daquele que manifestamos em nossos hábitos, na sociedade, em nossos vícios" (*Contre Sainte-Beuve*. Paris: Gallimard, 1954, p. 130).

[12] "Que tenha havido intenção na origem da obra, nota F. Vernier, isso não se contesta, mas não é tanto o que permanece no texto que importa e não é sobre isso que se deve conjeturar, e sim sobre aquilo em que ele se tornou" (*L'Ange de la théorie, op. cit.*, p. 125).

simplesmente impossível. Claro, todo leitor tenta espontaneamente reconstituir *a partir do texto* que está lendo uma figura de enunciador; mas esse reflexo inerente a toda situação de comunicação (e que não é obrigatoriamente coroada de sucesso), de maneira nenhuma, implica que seja necessário se documentar sobre o projeto do autor. Não devemos confundir "ler buscando descobrir uma intenção" (algo que todo mundo faz) e "ler depois de ter identificado um projeto". Apenas os eruditos e os leitores "profissionais" (professores, historiadores da literatura, estudantes) leem dessa segunda maneira.

Mas se o sentido de um texto não se confunde com o projeto do autor, de onde vem ele?

O sentido percebido

Sólidos argumentos levam a pensar que o sentido é parcialmente (versão fraca) ou integralmente (versão forte) uma construção do leitor.

Examinemos *L'Emploi du temps* de M. Butor. O romance se apresenta sob a forma de um diário íntimo mantido por um jovem francês (Jacques Revel) durante um estágio de um ano na imaginária cidade inglesa de Bleston. Registrando o que lhe acontece, de repente ele se vê atrasado na retranscrição de acontecimentos cujo sentido e aspecto variam em função do presente que ele está vivendo. O personagem, querendo tudo apreender, acaba se perdendo na confusão temporal e no labirinto de sua escrita. Mesmo que a trama do relato seja relativamente simples, é muito difícil identificar o assunto principal do texto. O romance nos fala da loucura de um homem separado de seus afetos e presa de um delírio de perseguição? Deve-se ver no romance uma reflexão sobre a relação do homem com o tempo e a finitude de sua condição? As respostas estão, é claro, em função daquilo que se conservar do texto. O sentido atualizado dependerá dos dados textuais percebidos como mais significativos (a estética do "nouveau roman", a estrutura iniciática, os princípios do romance policial, os motivos do relato fantástico etc.). Ora, parece evidente que tal hierarquização depende menos do texto que do leitor, ou até mesmo de cada leitura de um mesmo leitor.

O sentido de um texto é sempre, portanto, o resultado da seleção — mais ou menos consciente — operada por uma leitura. Não se reterá a mesma coisa de um volume de *Em busca do tempo perdido*, segundo o leitor se concentre nas descrições ou nos diálogos, no quadro da mundanidade ou na experiência sensorial do sujeito, no "grupo" ou no "indivíduo", na sátira social ou no romance de formação. Quando menos, em razão dos limites da memória, toda leitura é, por definição, parcial e seletiva. Há quem fique desolado (se considerar frustrante que "o sentido" inevitavelmente nos escapa), ou, ao contrário, quem exulte (se julgar que a dinâmica e, portanto, o prazer da interpretação se renovam a cada leitura). Esse último ponto de vista é o de M. Charles:

> [...] o que me parece importante em uma reflexão sobre a ordem, a coerência, a arquitetura do texto é saber retomar a ideia de enunciados autônomos — migratórios, memorizáveis, citáveis: eles remetem a uma experiência real de leitura, uma leitura não profissional, não especializada, mas corrente; levá-la em conta é a melhor maneira de relançar a interpretação, [...] de opor, portanto, a esse imperialismo hermenêutico uma verdadeira pluralização do texto[13].

Mesmo sendo as leituras estruturalmente parciais e incompletas, isso não significa que elas sejam inteiramente subjetivas. Elas podem se parecer em sua forma de redividir o texto. Todos conhecem a piada contada por Stanley Fish: depois de tratar das relações entre literatura e linguística, ele apresenta aos estudantes do curso da aula seguinte a lista dos nomes próprios que tinham ficado inscritos no quadro como um poema religioso do século XVII. Obteve, então, uma série de comentários, alguns dos quais se revelaram coerentes, até profundos. A conclusão a que chegou é que as interpretações de um texto são sempre pré-orientadas pelo sentido que se busca: toda leitura é inevitavelmente marcada pelos hábitos, expectativas e hipóteses da "comunidade interpretativa" da qual o leitor é membro. Se as interpretações

---

[13] M. Charles, *Introduction à l'étude des textes*, *op. cit.*, p. 58.

não são necessariamente pessoais (na medida em que elas se referem a uma norma coletiva), elas também não são sempre relativas[14].

Daí a deduzir que o texto não tem sentido próprio e que os conteúdos que acreditamos nele desvelar são puras construções do leitor é um passo. As tentativas de legitimar a deriva interpretativa como uma consequência inelutável de toda leitura fundam-se, em geral, nas reflexões de Derrida. Em *De la grammatologie*[15], o promotor da "desconstrução" sustenta que o texto escrito rompeu um duplo laço: com o autor que o produziu; com o referente que ele designava no momento de sua criação. Desse modo, cortado de seu emissor e da realidade de que falava, o texto se torna um objeto de sentido indefinido, aberto a receber um número ilimitado de interpretações.

Um ponto de vista desses, mesmo não sendo sem fundamentos[16], suscita, contudo, várias observações.

Para iniciar, como o nota malignamente Schaeffer, a ideia de que o sentido de um texto não existe e de que existem apenas interpretações é "autorrefutante"[17]: se essa hipótese for exata, a frase que a enuncia não tem mais validade do que qualquer outro enunciado escrito e nada, consequentemente, autoriza a levá-la a sério.

Se aceitarmos entrar no debate, a convicção de que não existe sentido objetivo decorre da aplicação à literatura de um construtivismo radical

---

[14] Cf. *Quand lire c'est faire. L'autorité des communautés interprétatives*. Paris: Les Prairies Ordinaires, 2007 [ed. or.: 1980/1995].

[15] J. Derrida, *De la grammatologie*. Paris: Minuit, 1967.

[16] Eu não teria nada mais a acrescentar às posições de U. Eco, que, apesar de bastante severo com algumas interpretações radicais da desconstrução, reconhece a profunda pertinência das reflexões de Derrida: "Quando ele diz que o conceito de comunicação não pode ser reduzido à ideia de transmissão de um significado unitário, que a noção de significado literal é problemática, que o conceito corrente de texto corre o risco de ser inadequado; quando ele enfatiza, no marco de um texto, a ausência do emissor, do destinatário e do referente e quando explora todas as possibilidades de uma de suas interpretabilidades não unívoca; quando ele nos faz lembrar que todo signo pode ser *citado* e que, ao fazer isso, ele é capaz de romper com qualquer contexto dado, gerando uma infinidade de novos contextos absolutamente ilimitados — nesses casos, e em muitos outros, Derrida diz coisas que semiólogo algum pode se permitir negligenciar" (*Les Limites de l'interprétation, op. cit.*, p. 376-377).

[17] *Les Célibataires de l'art, op. cit.*, p. 296.

sobre cuja pertinência é preciso nos interrogar. Afirmar que não existe sentido primeiro (ou, o que dá no mesmo, que o sentido está fora de alcance) consiste, em efeito, em estender aos textos literários um problema filosófico muito mais geral: o da possibilidade de um conhecimento do real "em si". O texto, como todo outro componente da realidade, só nos é acessível por meio da percepção que temos dele, ou seja, por meio da leitura que fazemos dele. Mas, assim como a consciência que não consegue atingir uma "verdade absoluta" não inviabiliza o conhecimento, saber que o sentido só existe para nós não inviabiliza forçosamente o trabalho de interpretação.

Acrescentemos que, se todo processo perceptivo é em parte uma interpretação (como parecem confirmar as ciências cognitivas), tal interpretação geralmente permanece "biunívoca": todo ser humano "interpretará" como "vermelho" um feixe luminoso de uma extensão de onda de 0,8 micrômetro. Mesmo que o conhecimento que temos do mundo seja relativo a nossos quadros perceptivos, ele não é tão subjetivo assim e permanece válido pelo menos para a comunidade que a espécie humana representa (o que já não é pouco quanto a seu campo de validade).

Ver na obra uma pura construção do leitor é passar um pouco rapidamente demais da constatação de que é impossível evidenciar integralmente o conteúdo de um texto para a ideia de que não existe conteúdo objetivo. De uma premissa justa (o entendimento é parcialmente uma reconstrução), tira-se uma conclusão pelo menos discutível: o sentido do texto não existe. Ora, existe — pelo menos no nível denotativo — um conteúdo objetivo que sempre podemos reconstruir pelo menos parcialmente (seja o que for que se leia no romance de Flaubert, *Madame Bovary* segue sendo a história de uma provinciana casada com um médico interiorano).

A existência de um sentido literal objetivo, identificável por todo leitor, se impõe com evidência quando nos inclinamos sobre os atos de fala "indiretos". Searle designa como atos de fala indiretos os enunciados cuja verdadeira significação difere da significação literal, como por exemplo, a metáfora ou a ironia[18]. Quando Victor Hugo evoca uma "foice de ouro no campo das estrelas", é evidente que não está designando um instrumento agrícola abandonado em uma pastagem, e sim a lua (cuja forma evoca a da foice) brilhante em um céu noturno, no qual as estrelas podem levar a pensar em flores. Se o enunciado é percebido como metafórico, é porque, no contexto do poema, o sentido literal não funciona. A significação literal *deve, então, ter sido estabelecida* para que os usos não literais possam ser entendidos.

Examinemos outro exemplo. Em *O Gatoppardo* de Lampedusa, o sobrinho do príncipe Salina, Tancredi, pronuncia uma frase célebre: "É preciso que tudo mude para que nada mude"[19]. Se nos ativermos ao sentido literal, a frase não significa nada: ela enuncia uma contradição lógica, é absurda. Para entendê-la, é preciso ligá-la a seu contexto de enunciação. O que Tancredi quer dizer é que a aristocracia deve aceitar perder as aparências de poder para conservar a realidade do poder. É preciso aceitar entrar no movimento para ser capaz de controlá-lo. Em outros termos, a frase de Tancredi é a fórmula de um conservantismo inteligente. Poderíamos tirar desse exemplo a ideia de que o sentido literal não existe, porque a fórmula se mantém ininteligível se nos ativermos ao sentido que as palavras têm no dicionário: ela pressupõe, já de início, uma interpretação. Na realidade, é exatamente o contrário. Se essa frase chama a atenção é porque se apresenta sob a forma de uma *pista*: ela deve ser lida como um *paradoxo*. Ora, o paradoxo só é visível se tivermos consciência da não coincidência entre o sentido literal e o sentido expresso — o que supõe ter identificado previamente o sentido literal.

Para além dos atos de fala indiretos, a percepção do sentido literal é um momento obrigatório de todo processo interpretativo. Uma criança de 5 anos me pergunta por que tenho um livro no qual se vê um homem nu que apoia um pé em um rochedo (trata-se da capa do *Di-*

---

[18] Cf. J. Searle, *Sens et expression*. Paris: Minuit, 1982 [ed. or.: 1979].

[19] A fórmula foi um pouco modificada na tradução de J.-P. Manganaro: "Se queremos que tudo fique como está, é preciso que tudo mude", Lampedusa, *Le Guépard*. Paris: Seuil, 2007, p. 32.

cionário da psicanálise publicado pela Fayard, que reproduz um quadro de Ingres representando Édipo). Poderíamos pensar que essa criança e eu construímos duas representações diferentes a partir do mesmo quadro e que daí se deve concluir que toda percepção já é uma interpretação. Isso seria um erro, na medida em que a interpretação "esse quadro representa Édipo" não põe em risco a interpretação "esse quadro representa um homem nu", mas se apoia sobre ela. Todas as outras interpretações do quadro (ele representa uma figura emblemática da teoria psicanalítica, a humanidade universal, o caráter fundador da mitologia grega etc.) pressupõem a percepção do sentido primeiro. Para voltar ao campo literário, um leitor que tivesse lido *Ulisses* sem perceber (apesar do título) a menor remissão à *Odisseia* (foi isso o que fiz na primeira vez em que li esse texto) teria, pelo menos em parte, lido o mesmo livro que um eminente especialista em Joyce. Mesmo que o especialista tenha percebido no curso mais coisas que o primeiro, os dois leitores terão tomado conhecimento dos fatos e gestos de determinado número de personagens evoluindo no início do século XX na cidade de Dublin.

Quando interpretamos um texto, falamos sempre de algo que preexiste a nossa interpretação e que nos é dado através do sentido literal. Nesse sentido, é muito difícil discordar de Eco:

> Existe um sentido literal dos itens lexicais, aquele que os dicionários registram por primeiro, aquele que o homem da rua citaria por primeiro se alguém lhe perguntasse o sentido de determinada palavra. [...] Nenhuma teoria da recepção pode se furtar a essa restrição preliminar. Todo ato de liberdade do leitor vem *depois* e não *antes* da aplicação dessa restrição[20].

No quadro de uma interpretação, a existência do objeto "texto" é tanto mais incontestável quanto o intérprete vai se focalizar em algumas propriedades (as que são pertinentes em relação a sua grade de análise) em detrimento de outra. Ora, excluir ou minorar alguns aspectos supõe ter reconhecido sua existência. A redivisão inerente ao gesto

[20] U. Eco, *Les Limites de l'interprétation*, *op. cit.*, p. 12.

crítico é, então — contrariamente àquilo que às vezes lemos —, um argumento em favor da realidade factual do texto.

Esse texto — que preexiste a todo comentário — não deveria ser considerado como uma adição aleatória de enunciados autônomos: as frases que lemos são regidas por determinado número de estruturas e de relações que impõem restrições à interpretação. Não por acaso o raciocínio de Fish se comprova sobretudo durante a leitura de textos curtos: muito logicamente, o peso do investimento pessoal do leitor é maior neles do que nas obras extensas, cujas propriedades objetivas, mais numerosas e restritoras, resistem muito mais. Cada um sabe que é mais fácil e natural interpretar a sua maneira um poema de quatro versos do que um romance de quinhentas páginas.

Concentremo-nos na palavra "linha" nos dois textos a seguir. O primeiro é um poema de Apollinaire, "Chantre", que se reduz a um único verso:

> E o único cordel das trombetas marinas[21].

O segundo é uma passagem de *Germinal*:

> Do lado de Marchiennes, a rota desdobrava suas duas léguas de calçamento, que seguiam retas como uma fita embebida de óleo, entre as terras avermelhadas. Mas, do outro lado, ela descia em laço através de Montsou, construído sobre o penhasco de uma grande ondulação da planície. Essas rotas do Norte, estiradas como um cordão entre cidades manufatureiras, avançando em curvas mansas, subidas lentas, são construídas pouco a pouco, tendem a fazer de um departamento apenas uma cidade trabalhadora[22].

Enquanto não se pode mais contar o número de interpretações de "cordel" no monóstico de Apollinaire (do próprio verso disposto no espaço da página como marco situado entre o Antigo e o Novo, passando pela evocação da fugacidade do belo e da evanescência da arte), o sentido da palavra é perfeitamente claro e unívoco no texto de Zola. Visto o contexto, a expressão "estiradas como um cordão" significa "regular-

---

[21] "Chantre", *Alcools*. Paris: Gallimard, 1920, p. 36.

[22] Zola, *Germinal*. Paris: Le Livre de Poche, 1972, p. 87 [ed. or.: 1885].

mente traçadas". Vejamos que, nos dois textos, a atividade interpretativa se apoia no sentido primeiro da palavra: "Pequena corda estendida entre dois pontos fixos, a fim de traçar linhas retas". Mas o texto de Zola não se contenta em utilizar a expressão figurada construída por analogia com o sentido literal, enquanto o poema de Apollinaire, por causa de sua extrema brevidade, leva a multiplicar as hipóteses de leitura. Quanto menos o contexto imediato contém informações, mais difícil é identificar a isotopia pertinente, isto é, saber de que o texto fala.

A existência de um sentido literal objetivo não significa — longe disso — que o leitor permaneça inteiramente passivo: ocorre que ele "prolonga" o sentido prévio que vem do texto e serve de fundamento para toda leitura. A distinção estabelecida por E. D. Hirsch entre "sentido" (*meaning*) e "significação" (*significance*)[23] pode nos ajudar a abordar corretamente essa questão. O sentido é um dado estável, constante, que depende do "horizonte intrínseco" do texto, enquanto a significação é variável, na medida em que depende da relação, necessariamente particular, entre o sentido do texto e um indivíduo ou uma situação. Para retomar o exemplo de Zola, o traçado regular das rotas do Norte faz parte do sentido do texto, assim como a ideia, avançada na frase que se segue, de que a arquitetura responde a um projeto político: circunscrever e ocupar as classes trabalhadoras (ver a restrição "apenas") para evitar que elas não se transformem em classes perigosas. Em contrapartida, a possibilidade de ler a oposição entre o frio rigor do traçado das estradas e a languidez das colinas como uma erotização da paisagem (a verticalidade das rotas estiradas como um cordel inserindo-se harmoniosamente na mansidão das curvas) é resultado da significação: é difícil provar que não se trate aqui de uma associação fortuita do leitor.

Para concluir esse longo desenvolvimento sobre a existência de um sentido objetivo, podemos nos perguntar por que essa questão movimentou tanto os estudos literários. Realmente, não ocorreria a ninguém (ou, pelo menos, a quase ninguém) interrogar-se sobre a existência de um sentido literal em um manual de horticultura ou em um

[23] Cf. E. D. Hirsch, *Validity in Interpretation*. New Haven: Yale University Press, 1967.

compêndio de medicina. Quando leio que devo plantar uma árvore em novembro para ela ter maiores chances de se enraizar, não me pergunto se o sentido que extraio dessa frase é objetivo ou se é uma reconstrução pessoal de minha parte. O mesmo acontece quando leio a receita de meu médico, que me prescreve comprar esse ou aquele remédio. Então, por que não nos contentamos com essa atitude diante dos textos literários? A resposta a esta pergunta resulta da especificidade do objeto estético.

Para início de conversa, lembremos: mesmo que toda obra de arte peça para ser avaliada como objeto estético, nem todo objeto estético é uma obra de arte. O objeto estético é constituído pelo receptor, que pode escolher apreender esteticamente qualquer objeto do mundo. Nesse sentido, o contemplativo é justamente o "criador" do objeto estético: não é ele que cria a cadeira, mas é ele que faz da cadeira um objeto digno de ser contemplado. Podemos dizer, então, que ele "inventa esteticamente" seu objeto.

Em segundo lugar, se — como pensa Schaeffer — o objetivo da conduta estética é a satisfação interna, a questão da identidade ou da realidade do objeto que a proporciona se torna, de fato, secundária: "Se, nos comportamentos estéticos, buscamos relações cognitivas *satisfatórias*, não é de admirar que, desde que uma atividade cognitiva esteja em conformidade com o princípio do prazer, ela venha a temperar um pouco as exigências do princípio de realidade, não obstante inscritas em sua própria natureza"[24]. Essencial na relação estética é o prazer sentido, pouco importando se esse prazer encontra sua fonte em um objeto que existe fora de mim ou que eu tenha, parcial ou completamente, reconstruído. O mesmo não acontece, evidentemente, quando minha atividade tem um fim prático: se me engano quanto à identidade dos medicamentos que compro ou quanto ao sinal de trânsito pelo qual passo quando vou de carro, as consequências não são as mesmas de quando me engano quanto à identidade do objeto que me proporciona prazer estético (e é indiferente saber se se trata

[24] *Les Célibataires de l'art, op. cit.*, p. 341-342.

de um texto específico que li, daquilo que acredito ter lido nele, ou de uma lembrança daquilo que penso ter lido).

Portanto, é porque a obra literária *também* é um objeto estético que a questão do sentido foi por tanto tempo considerada como secundária. Um texto não deixa de ser um fato linguístico, impossível de apreender, independentemente do sentido que ele veicula. Na medida em que o sentido não se confunde nem com o sentido pretendido pelo autor, nem com o sentido projetado pelo leitor, parece lógico que nos interessemos pela "intenção do texto".

O sentido manifesto

Vimos que é imperioso distinguir sentido intencional e sentido manifesto. O sentido intencional é uma das *causas* do sentido manifesto e não pode substituí-lo. Observemos, de passagem, que se o conteúdo do objeto "texto" se reduzisse à expressão de uma intenção, o único modelo crítico pertinente seria o biografismo.

Contudo, alguns críticos rejeitam a fórmula "intenção do texto" invocando o fato de que o texto não poderia ter uma intenção: "Como o texto é sem consciência", escreve A. Compagnon, "falar de 'intenção do texto' ou de *intentio operis*, é reintroduzir sub-repticiamente a intenção do autor como barreira para a interpretação, sob um termo menos suspeito ou provocador"[25]. Schaeffer é, ao que parece, da mesma opinião. Para salvar a intenção do autor, não obstante a distância (que ele próprio constata) entre o que o escritor quis fazer e o que ele realmente fez, ele propõe uma sutil distinção entre "intenção prévia" (durante a escrita) e "intenção em ato" (contemporânea da escrita). Portanto, a obra seria sempre a manifestação da intenção do autor; simplesmente, essa intenção evoluiria no decorrer do processo de criação: "A confecção de um quadro, de um texto, de uma obra musical decorre de uma

[25] A. Compagnon, *Le Démon de la théorie*, *op. cit.*, p. 96.

intencionalidade processual inseparável do encontro do artista com o meio trabalhado"[26]. Essa distinção me parece pouco convincente: se a "intencionalidade processual" dá conta do sentido efetivamente expresso para distingui-lo do sentido que o autor projetava exprimir, ela se reduz muito especificamente àquilo que designamos habitualmente de "intenção do texto". Esta última fórmula significa, com efeito, que o sentido com o qual nos confrontamos durante a leitura necessariamente não se confunde com o sentido que o autor buscava exprimir (supondo que a intenção de significação esteja na base do projeto artístico). Portanto, "intenção do texto" e "intenção do autor" não são duas formas de dizer a mesma coisa: a primeira fórmula remete à constatação trivial de que uma obra exprime frequentemente algo diverso daquilo que seu autor tinha inicialmente na cabeça.

Acrescentemos que, se considerarmos como abusivo falar de "intenção do texto", será preciso também banir do discurso crítico fórmulas amplamente usadas, como "o texto diz que", ou "o texto chama nossa atenção para", que parecem constituir como sujeito consciente um artefato composto de sinais gráficos. Parece-me mais simples, seguindo um uso bem estabelecido, considerar todas essas fórmulas como simples metonímias facilmente traduzíveis.

A "intenção do texto" não se confunde, então, com a intenção do autor real, mas com a intenção do "Autor modelo", que é exatamente uma reconstrução do leitor a partir dos dados textuais:

> Nessas interações complexas entre meu conhecimento e o conhecimento que atribuo ao autor desconhecido, eu não especulo sobre as intenções do autor, e sim sobre a intenção do texto, ou sobre a intenção desse Autor modelo que estou capacitado a reconhecer em termos de estratégia textual[27].

Mais uma vez, isso equivale a diferenciar o que o autor (real) queria conscientemente exprimir daquilo que o texto efetivamente expri-

---

[26] J.-M. Schaeffer, *L'Art de l'âge moderne, op. cit.*, p. 363.

[27] U. Eco, *Les Limites de l'interprétation, op. cit.*, p. 134-135.

me[28]. E esses dois campos não se recortam necessariamente. Eco narra que um leitor de *O nome da rosa* interrogava-se sobre o que significa a dupla condenação da "pressa", num intervalo de uma página, por dois personagens diferentes (um a teme, outro louva sua ausência). Reconhecendo que não tinha — enquanto autor real — pensado na possibilidade dessa aproximação, ele conclui:

> O texto está lá, ele produz seus próprios resultados de leitura. Queira eu ou não, encontramo-nos diante de uma questão, de uma provocação ambígua; no que me diz respeito, fico muito embaraçado em interpretar essa oposição, do mesmo modo que entendo que um sentido (mais talvez) tenha vindo se aninhar aqui[29].

O interesse de um texto, então, não resulta daquilo que seu autor quis significar, mas daquilo que é *objetivamente* significado.

Resta saber como identificar esse sentido "objetivo". Uma das características essenciais do texto literário (especialmente das ficções) é, realmente, o caráter indireto da significação: o sentido passa sempre pela mediação de uma história ou de uma representação. Lembremos as afirmações de Barthes, ao comentar uma indicação de Chateaubriand no prefácio à *Vida de Rancé*:

> O abade Séguin tinha um gato amarelo. Talvez esse gato amarelo seja toda a literatura; porque se a notação remete indubitavelmente à ideia de que um gato amarelo é um gato desgraçado, perdido, portanto encontrado e unido dessa maneira a outros pormenores da vida do abade, todos atestando sua bondade e sua pobreza, esse amarelo é ainda muito simplesmente amarelo, ele leva não apenas ao sentido sublime, intelectual em suma, ele permanece, obstinado, no nível das cores [...][30].

---

[28] Se bem entendi, "a intenção em ato" de Schaeffer se distingue daquilo que Eco chama de "a intenção do texto", na medida em que ela é, por definição, consciente de si mesma. Ela não remete, portanto, aos conteúdos inconscientes, mas aos conteúdos que o autor escolhe exprimir no momento em que está escrevendo e que podem, é claro, diferir daqueles que ele tinha a intenção de exprimir em uma fase prévia ao ato de criação propriamente dito. Mas, como vou explicar um pouco adiante, não estou convencido nem da possibilidade de operar essa divisão, nem do interesse que haveria em fazê-lo.

[29] U. Eco, *Les Limites de l'interprétation*, *op. cit.*, p. 139.

[30] R. Barthes, *Nouveaux essais critiques*. Paris: Seuil, 1972, p. 116-117

Se, em um texto literário, o sentido apresenta dificuldades, é porque o privilégio é reservado ao factual: a bondade do abade não é explicitamente significada, mas obliquamente — por meio da cor de seu gato. Encontramos a mesma ideia em V. Descombes, para o qual a especificidade do romance reside na "extroversão". Se o romance pode ser qualificado como "gênero extrovertido" (quer dizer: "voltado para o mundo exterior"), é porque ele prefere sempre a expressão pelos fatos à comunicação direta da ideia[31]: quando o romance exprime uma visão das coisas e um sistema de valores, nunca o faz diretamente, mas no viés de uma história, das relações entre os personagens, dessa ou daquela cena etc.

Extrair o sentido manifesto constitui, então, uma dificuldade dupla: saber de que o texto fala (o que se deve reter das numerosas ações, falas e pensamentos encenados); saber o que ele nos diz (o ponto de vista que ele defende) sobre o assunto de que está tratando.

É o que verificaremos no estudo de uma novela de Maupassant:

INTERLÚDIO 3

O SENTIDO INCERTO

(Maupassant, La Parure)

"La Parure"[32] ("O colar") é uma das novelas mais conhecidas de Maupassant. Vamos recordar rapidamente seu enredo. A bela Mathilde, casada, sem dote, com Loisel, pequeno funcionário do Ministério da Instrução Pública, sofre por não levar a vida de luxo para a qual se sente nascida. Quando o marido lhe anuncia que foram convidados a uma recepção oferecida pelo ministro, Mathilde se queixa de não ter vestimenta adequada. Loisel lhe oferece um vestido, depois lhe

[31] V. Descombes, *Proust — philosophie du roman*. Paris: Minuit, 1987, p. 75.

[32] Cf. G. de Maupassant, "La Parure" (1884), *Contes du jour et de la nuit* (1885). Paris: Gallimard, 1984.

sugere que vá pedir emprestada uma joia a sua amiga de infância, a Sra. Forestier. No dia da festa, Mathilde, ornada com um maravilhoso colar de diamantes, experimenta um sucesso esplêndido; mas, voltando para casa, descobre que perdeu a joia. Após tê-la procurado em vão, os Loisel optam por comprar um colar semelhante. Mathilde o devolve à sra. Forestier, que não se dá conta da substituição. O casal passa os dez anos seguintes na miséria e na labuta para saldar o empréstimo contraído. No final da novela, Mathilde, prematuramente envelhecida, topa com a sempre bela Sra. Forestier, que lhe faz saber que a joia perdida era uma imitação.

Apesar de um conteúdo factual dos mais límpidos, é particularmente delicado extrair o sentido manifestado por esta novela.

Para saber o que um texto exprime, é preciso, como se viu, tentar responder a duas perguntas: do que ele fala? (Qual ou quais os temas que ele aborda?) E o que ele diz daquilo de que fala? Acerca da primeira pergunta, a diversidade de temas abordados em *La Parure* leva a pensar que o texto talvez não tenha assunto principal. De fato, a novela trata simultaneamente da natureza feminina, da luta de classes, da justiça, da felicidade, do dinheiro, da vaidade, da beleza, da identidade, do valor, da dignidade, da verdade, da vida conjugal, do sentido da existência e, até mesmo, por meio de uma reflexão sobre a relação com os signos, da literatura e da leitura. Não somente os temas abordados pertencem a domínios muito diferentes (moral, filosofia, psicologia, sociologia, política, literatura) como também é dificílimo saber o que o texto exprime sobre cada um deles.

Uma fábula moral?

À primeira vista, o texto deve ser lido como uma fábula que transmite uma "moral". Inserida numa coletânea de contos, a narrativa oferece uma história curta de valor exemplar. Os nomes das personagens, remetendo aos animais e à natureza ("Loisel" ['pássaro'], "Forestier" ['florestal']), recordam o universo da fábula. A inverossimilhança (é possível acreditar que, durante dez anos, a Sra. Forestier nunca tenha lançado um olhar sobre o colar?) mostra que estamos lidando menos com um "retalho da vida" do que com uma história esquemática da qual se pode tirar uma lição.

O que está no centro da novela é a questão do ser e do parecer. Mas as coisas se complicam tão logo nos perguntamos o que o texto nos diz dela. Se de fato parece haver uma condenação, a quem se dirige? Aos impostores que manipulam as aparências? Aos vaidosos que lhes atribuem valor? Aos ingênuos que as confundem com a realidade?

A primeira hipótese erigiria a sinceridade como norma de comportamento. A história mostraria que, ao jogar com as aparências, construímos nosso próprio infortúnio. Essa leitura se apoia na causa objetiva do drama de Mathilde, que não é tanto a perda da joia quanto sua recusa em dizer a verdade à Sra. Forestier. Se a Sra. Loisel não tivesse tentado enganar sua amiga ao lhe apresentar um outro colar, não teria evitado dez anos de sofrimento?

Na segunda hipótese, a conclusão a se tirar é que a natureza tem um valor próprio, que torna inútil e ridículo todo aparato. Naturalmente bela, mas querendo parecer rica, Mathilde é vítima de sua vaidade (mais do que de sua falta de sinceridade). Se a Sra. Loisel fez sucesso com uma joia falsa, isso não quer dizer que a sedução nada tem a ver com dinheiro? Esse colar, que ela julgava indispensável, não só não lhe foi de nenhuma utilidade como, ademais, se revelou nocivo. Tudo bem pesado, o único papel do colar é desencadear a tragédia que vai esmagar o casal. Observe-se que a perda da joia não põe fim à preocupação da heroína com o parecer: é precisamente para salvar as aparências que a Sra. Loisel contrai uma dívida e aceita trabalhar para saldá-la. O que a motiva, na segunda parte do texto, é sua imagem junto à Sra. Forestier: Mathilde não quer passar por ladra. Paga então o preço mais caro por ter querido viver de aparências. Por não ter se contentado com os dons da natureza, ela é punida quando lhe são retirados seus atributos naturais.

Na terceira hipótese, a moral poderia ser formulada assim: não sejam ingênuos, "nem tudo o que reluz é ouro". A novela não condenaria nem os mentirosos nem os vaidosos, mas os que confundem a aparência com a realidade. Isso explicaria por que a Sra. Forestier, embora vivendo na mentira (é dona de joias falsas), se sai tão bem. O que a distingue de Mathilde é, finalmente, o *saber*: ao contrário de sua amiga de infância, ela não ignora que vive na aparência. Portanto, por não terem desconfiado das aparências, os Loisel são os bobos da história (recordemos que a palavra *oiselle* designa uma jovem tola, cuja simplicidade e inexperiência chega quase às raias da estupidez).

É difícil deixar de notar que a partilha entre os ingênuos e os cínicos corresponde a uma divisão social: os assalariados, de um lado; a alta burguesia, do outro. Assim, a novela também pode ser lida no plano político.

Uma denúncia política?

Se o texto tem ares de fábula, sua ancoragem realista não chama menos a atenção. Não somente as datas e lugares remetem ao mundo real como também todos os personagens são identificados por meio de seu *status* social (profissional ou conjugal). Além disso, observe-se que a falta inicial, na origem da narrativa, é uma falta de bens, isto é, uma carência econômica: é por não ter recursos financeiros que Mathilde é levada a se casar com um pequeno funcionário. O conflito central da novela opõe, portanto, um personagem (Mathilde) à força do determinismo social.

No entanto, não é muito fácil definir o propósito político do texto. A questão é saber se o narrador compreende ou condena o sentimento de injustiça experimentado por Mathilde. Se o compreende, Mathilde aparece como uma vítima da desigualdade social, e seu fracasso deve ser lido como uma crítica à sociedade francesa sob a Terceira República[33]. Se o condena, o ponto de vista do texto é, antes, conservador. A menos, ainda, que nenhum dos personagens seja poupado num jogo de massacre generalizado. Avaliemos a pertinência de cada uma dessas hipóteses.

À primeira vista, o texto parece legitimar as aspirações de Mathilde. Desde o início, a novela sublinha um paradoxo: a identidade depende, nos fatos, da posse material (o que se tem), quando deveria se ater às qualidades físicas e espirituais (o que se é). A desigualdade social é assim denunciada à luz do direito natural: enquanto a natureza dotara Mathilde de todos os atributos para agradar e ser feliz, a sociedade — cuja única referência é o dinheiro — a condena a uma vida medíocre. A sequência do texto se empenha em confirmar que as diferença sociais não têm fundamento substancial algum: tão logo Mathilde salva as aparências (entenda-se: "tão logo parece rica"), ela se torna imediatamente igual às outras mulheres (e é até mesmo superior a elas, como prova seu sucesso no baile do ministro). Mas a recepção é somente um parêntese, e Mathilde paga caro por essa intrusão na alta burguesia: perderá o pouco que tinha. A novela comprovaria assim a impossibilidade de alguém escapar à própria condição e à violência da lógica social.

Essa leitura parece endossada pela referência intertextual aos contos de fadas e, em particular, a *Cinderela*. As analogias entre o conto de Perrault e a

---

33 A Terceira República, na França, compreende o período de 1870 a 1940 (N. T.).

novela de Maupassant são, de fato, numerosas. Os dois textos se vinculam ao destino de uma bela jovem a quem as circunstâncias exteriores obrigam a uma pobreza relativa e ao sofrimento. Mathilde, como Cinderela, se consola sonhando com outra vida e com um príncipe encantado. O anúncio do baile representa, em ambos os casos, uma imensa esperança de transformação. As duas jovens são confrontadas com o mesmo problema: a ausência de traje adequado. Mas "fadas boas" (o Sr. Loisel e a Sra. Forestier, no caso de Matilde) finalmente atendem seu pedido. Cada heroína se torna assim a "bela do baile", sobrepujando as outras mulheres. Por fim, em ambos os casos, a festa termina com a perda de um objeto precioso, senão irreal (o sapato de cristal, para Cinderela; a joia, para Mathilde).

Se os pontos comuns com o texto de Perrault permitem ativar a referência intertextual, é evidente que são as diferenças que fazem sentido: elas revelam o peso esmagador do contexto social. Com *La Parure*, estamos no quadro de uma novela realista; ora, a realidade — para os pequenos funcionários vivendo sob a Terceira República — não é um conto de fadas. Diferentemente de Cinderela, Mathilde não recupera o objeto perdido: não tem nenhum príncipe com quem contar (só dispõe de um marido que falha lamentavelmente em sua busca). Em *La Parure*, ninguém recolheu o colar para ir no encalço de quem o possuía. Embora os dez anos de sofrimento possam evocar *Branca de Neve* ou *A Bela Adormecida* (as heroínas têm de esperar por longos anos antes de serem despertadas por seu príncipe), há contudo uma diferença considerável: as princesas, diferentemente de Mathilde, conservaram sua beleza (o tempo não tem poder sobre elas)[34]. Não há, portanto, "final feliz" em Maupassant: a injustiça do início não é reparada. Verifica-se até uma inversão irônica: ao passo que, em *Cinderela*, o baile põe fim à dureza da vida doméstica, em Maupassant ele é a origem de dez anos de miséria. *La Parure* termina onde o conto de Perrault começa.

Mas as aspirações de Mathilde são realmente validadas pelo texto? Se seu *status* de vítima é dificilmente contestável, terá ela razão de querer se incluir nessa classe superior da qual a narrativa dá uma imagem tão negativa? Ela não é tão culpada quanto aqueles a quem busca imitar? Nessa hipótese, o texto não tomaria o partido de um campo contra o outro: ele denunciaria o conjunto de

[34] Em contrapartida, a Sra. Forestier (que, na segunda parte, nos leva a pensar menos na "fada madrinha" e mais nas "irmãs malvadas") permanece bela e sedutora. Existem, portanto, muitos indivíduos para quem a vida se assemelha a um conto de fadas: os das classes superiores.

um sistema intrinsecamente perverso. De fato, a novela parece estigmatizar ao mesmo tempo a dominação da classe abastada e a alienação das classes modestas.

O poder da classe abastada é, como se viu, fundado na aparência: a superioridade que ela arvora aparece como ilusória e, por conseguinte, ilegítima. Conforme comprova metonimicamente a Sra. Forestier (cujas joias não passam de uma contrafação), a alta burguesia vive na ilusão que produz sobre as classes modestas: a Sra. Forestier fascina Mathilde, não porque *é* rica, mas porque *parece* rica. A vida que Mathilde idealiza não passa, ao fim e ao cabo, de um engodo. É o que a falsidade dos diamantes simboliza: ofuscada pelo brilho do colar, Mathilde não se apercebe de que ele só recobre o vazio. Através dessa metáfora, o texto desmonta os mecanismos da ideologia, imagem do mundo artificial que se apresenta como natural.

A grande burguesia atua assim sobre a alienação das classes modestas. Mathilde não consegue imaginar por um só instante que o colar — propriedade da classe abastada — seja falso. De certa maneira, ela vai sacrificar a própria vida para confirmar essa ilusão: o colar *tem que* ser verdadeiro. O destino de Mathilde depende, no fim das contas, do modo de vida e dos valores da Sra. Forestier.

De modo geral, o texto denuncia uma sociedade que, qualquer que seja a classe social considerada, prefere a aparência à substância. Num mundo em que os objetos se tornaram intercambiáveis, onde só contam os signos exteriores de riqueza, não há mais referência e tudo se torna possível, inclusive o pior. À medida que a história se desenrola, vemos aparecer de fato um número crescente de joias (verdadeiras ou falsas) que criam uma espécie de caos que os Loisel não conseguem ordenar. Essa uniformização deságua numa perda de referências: nem mesmo a Sra. Forestier — que não se apercebe da substituição operada por Mathilde — consegue mais distinguir o verdadeiro do falso. A lógica capitalista (sacralizar um objeto especulando sobre seu valor de mercado) deságua numa absurdidade trágica: um colar fajuto se torna uma força monstruosa e destruidora que ninguém mais controla.

Os Loisel, entretanto, não são o que se chama de "proletários". Pertencem à pequena burguesia dos funcionários, cuja situação social está longe de ser dramática. É por isso que podemos duvidar dos reais motivos do sofrimento inicial de Mathilde. Será que tudo não se passa dentro de sua cabeça? *La Parure* talvez faça sentido, igualmente, no plano psicológico.

Uma análise psicológica?

Para dar conta do comportamento de Mathilde, o texto oferece duas explicações: o determinismo social (a fatalidade de um sistema que tritura mecanicamente a personagem) e o impulso psicológico (a vaidade). Se a segunda hipótese merece que nos detenhamos nela, é em razão da disparidade — sublinhada pelo narrador — entre a intensidade do sofrimento da jovem e a realidade de uma condição social que é simplesmente modesta.

Atormentada por sonhos de grandeza e de poderio, Mathilde padece de um comportamento patológico que podemos equiparar à megalomania. A analogia com Emma Bovary se impõe naturalmente. As duas jovens, que conhecem a mesma situação conjugal desencantada, não têm a vida que desejavam e sonham em evoluir num outro mundo. Após terem conhecido o sucesso durante um baile na alta sociedade (em *Madame Bovary*, trata-se do baile no castelo de La Vaubyessard), elas vivem o mesmo retorno doloroso à realidade. Também notaremos que existe, nos dois textos, um objeto simbólico catalisador do sonho: o colar para Mathilde e uma cigarreira de seda verde para Emma. Ao mostrar que o refúgio no imaginário conduz à autodestruição, os dois textos parecem ter um valor de alerta.

As diferenças são igualmente significativas. Do romance de Flaubert à novela de Maupassant, o objeto da busca se simplificou, até mesmo empobreceu. O luxo só fascinava Emma por seu potencial romanesco: ela desejava antes de tudo viver uma paixão intensa e autêntica. Em *La Parure*, o desejo de riqueza passou ao primeiro plano: a felicidade, para Mathilde, não é viver um amor absoluto, é ser invejada pelos outros. A ingenuidade se degradou em tolice. Enquanto Emma tinha como exemplo as heroínas de romance, Mathilde toma por modelos os membros da classe abastada. Os dois textos, portanto, não têm o mesmo alcance: enquanto Emma morre de seus ideais românticos, Mathilde só é destruída pela estupidez e pela vaidade. Por isso, os desfechos têm tonalidades diferentes: trágica em Flaubert; sarcástica em Maupassant.

Assim, é principalmente na primeira parte da narrativa que Mathilde se aproxima de Emma. Na segunda metade da novela, assistimos a uma mudança de rumo completamente ausente do romance de Flaubert: Mathilde já não é a mesma pessoa. Com isso, temos o direito de fazer uma outra leitura — mais positiva — da busca da personagem.

O percurso da heroína, apesar de doloroso (se não por isso mesmo), pode de fato ser lido como a construção progressiva de uma identidade autêntica. Após uma curta fase de abatimento, a perda do colar acarreta uma metamorfose da Sra. Loisel em mulher ativa. Aceitando enfrentar o real, Mathilde pode enfim se construir. Seu itinerário se assemelha a um processo de purificação: somente depois de ter se livrado do acessório (ela perde primeiro o colar e depois seus bens materiais) é que ela se põe a existir autenticamente. Tendo renunciado aos signos exteriores de riqueza, Mathilde — que pagou sua dívida até o último centavo — descobre em si uma riqueza interior.

A novela, com isso, incide também sobre o valor dos signos: o que fazer deles? Como compreendê-los? Que importância atribuir-lhes? Desde logo, é tentador ler aí uma meditação oblíqua sobre a leitura.

Uma reflexão sobre a leitura?

A história de Mathilde, é antes de tudo, a história de uma relação com os signos. Seu infortúnio tem a ver com um erro de interpretação. Se ela não tivesse se enganado sobre a natureza do colar, se tivesse sabido avaliá-lo em seu justo valor, sua vida não teria seguido um rumo tão desastroso. Mas era possível ler corretamente o colar? Observemos que todas as personagens da novela são ludibriadas pelos signos: o Sr. Loisel, o ministro, seus convidados, e até a Sra. Forestier, que não se apercebe da troca. E nós, leitores, não fomos também enganados? Nós também não acreditamos, antes de chegar ao desfecho, que o colar era autêntico?

É legítimo, pois, ler a novela como um abismamento da leitura. O texto, tal como o colar, não tem antes de tudo o sentido que lhe damos? Aquilo que cada leitor projeta sobre a narrativa não recobre, *in fine*, seu eventual sentido objetivo? Não foi o que acabamos de mostrar, ao passar em revista as diferentes leituras possíveis (e às vezes contraditórias) da novela? Quem pode dizer, ao fim e ao cabo, se Mathilde é vítima ou culpada, se o alvo da crítica é o cinismo ou a ingenuidade, se o texto deve ser lido no plano político ou no plano psicológico? O que *La Parure* simboliza talvez seja, antes de tudo, a impossibilidade de ler.

A relação que um texto literário mantém com a significação é, por conseguinte, particularmente complexa. O sentido de uma obra é, ao mesmo tempo, incerto, múltiplo, diverso e contraditório. Não é errado pensar que essa singularidade se deva particularmente ao *status* particular do objeto "literário", que não é jamais um simples texto, mas também e antes de tudo um objeto de arte. Para melhor apreender sua dimensão semântica, pode ser interessante nos debruçarmos sobre as condições da criação artística.

A SIGNIFICAÇÃO ARTÍSTICA

A arte como prática

Considerar a arte do ponto de vista da criação pode parecer um pouco arriscado. Mas como identificar a contribuição que a obra nos dá sem nos interessar por aquilo que se desenrola no momento de sua elaboração?

Sem entrar em uma reflexão (que excederia em muito o propósito desta obra) sobre a gênese da obra de arte, temos de lembrar duas características triviais — mas, exatamente por isso, dificilmente contestáveis — do processo de criação.

Em primeiro lugar, a finalidade da obra de arte, que alguns consideram não existir[1] e outros, que é de ordem puramente estética, independe da pergunta pelo sentido. Como o nota Jakobson, privilegiar a forma é deixar o conteúdo flutuar[2]. É por isso que me

[1] É essa, como vimos, a tese defendida por Kant (*Critique de la faculté de juger*. Paris: Vrin, 1993 [ed. or.: 1790]): no marco da relação estética, a obra de arte é percebida como uma "finalidade sem fim".

[2] A função poética da linguagem é, como sabemos, definida por Jakobson como "intenção da mensagem enquanto tal, insistência posta na mensagem por sua própria conta", com a atividade artística consistindo em evidenciar "o lado palpável dos signos"(*Essais de linguistique générale, op. cit.*, p. 218). Ora, "a ambiguidade é uma propriedade intrínseca, inalienável, de toda mensagem centrada sobre si mesma" (*ibidem*, p. 238).

parece impossível seguir Schaeffer quando ele postula que o desafio dos textos literários não se distingue do desafio de todo texto escrito:

> Aquele que registra por escrito aquilo que quer dizer espera justamente que, ao fazer isso, seu dito atingirá pessoas que, de outra forma, não atingiria; não vemos por que ele faria todo esse esforço se estivesse convicto de que — por conta das inevitáveis recontextualizações de seu texto por seus leitores — sua significação intencional fosse não transmissível. E podemos supor que o leitor, por sua vez, espera justamente entender o que o autor diz: não vemos por que ele se daria, de outro modo, ao trabalho de lê-lo[3].

Contrariamente ao que se afirma acima, o autor de um texto literário não escreve para transmitir o mais precisamente possível um conteúdo claramente circunscrito. Se Mallarmé ou Nerval quisessem ser entendidos acima de tudo, teriam escrito algo diferente de seus textos passavelmente herméticos[4]. Simetricamente, não é de todo certo que o leitor de uma obra literária busque antes de tudo "entender o que o autor disse". Posso ler um poema surrealista ou uma página do *Finnegans Wake* sem buscar entender o que o autor (talvez) queira me dizer — por exemplo, ao deixar-me levar pelo jogo ritmado e pelas sonoridades, até mesmo pela beleza das imagens. É isso o que podemos chamar de o "prazer estético". Se "me dou ao trabalho" de ler *Madame Bovary* (é mesmo um trabalho?), não é para, *desde o início,* identificar o que o autor teve a intenção de me fazer entender ao escrever esse texto; mas — como o diz Schaeffer, por sinal — porque essa atividade me proporciona prazer em seu próprio desenrolar-se. Ora, não apenas esse prazer não está obrigatoriamente vinculado ao que eu entendo (ou acredito entender), como o que eu entendo (ou acredito entender) não corresponde obrigatoriamente àquilo que o autor tinha a intenção de significar.

O que Schaeffer, estranhamente, parece negligenciar aqui é a existência de um "contrato de leitura" artística que talvez não seja tão diferente do contrato de leitura ficcional. Se o quadro pragmático da relação artística

---

3 *Les Célibataires de l'art, op. cit.*, p. 301.

4 Na dedicatória a Alexandre Dumas, Nerval escreve que os poemas de *Chimères* "perderiam seu encanto ao serem explicados, se a coisa fosse possível, concedam-me pelo menos o mérito da expressão".

nem sempre é o da "dissimulação lúdica partilhada", tal quadro pragmático tampouco deixa de existir e nos leva a perguntar pelo prazer antes de nos indagar sobre a intenção de significação. Os textos literários são realmente atos verbais específicos, que não têm, por exemplo, a mesma finalidade dos textos científicos. Quando um físico escreve: "A energia é igual à massa multiplicada pela velocidade da luz ao quadrado", sabe exatamente o que está querendo dizer (quanto a Rimbaud ou Nerval, não estamos lá muito certos) e deseja ser entendido o mais exatamente possível (quanto a Rimbaud ou Nerval, não estamos lá muito certos). Em outros termos, o contrato de leitura do texto científico não é igual ao contrato de leitura do texto literário. É inexato dizer que consideramos a obra literária como "a expressão de um querer-dizer coerente"[5].

Outra característica fundamental do processo de criação é o que o artista nunca domina completamente aquilo que faz. Na medida em que a arte não obedece a regras predeterminadas[6], o autor não tem plena consciência nem daquilo que produziu, nem do modo como se investiu nessa produção:

> [...] o próprio criador de um produto derivado de seu próprio gênio não sabe como se encontram nele as ideias que se relacionam com tal produto, nem está em seu poder conceber à vontade ou segundo um plano essas ideias, nem comunicá-las aos outros por meio de preceitos, que, pelos menos, lhes possibilitariam realizar produtos semelhantes[7].

No horizonte da estética kantiana, essas afirmativas têm como propósito aproximar o belo artístico do belo natural (demonstrando que eles têm em comum serem "finalidades sem fim"); mas é imprescindível, para a questão que nos ocupa, a ideia de que a criação artística não tem inteira consciência de seus próprios fins[8].

---

5 *Les Célibataires de l'art, op. cit.*, p. 305.

6 Admitimos que a criação artística ocorre no interior de restrições genéricas, históricas e culturais. Mas elas sempre deixam espaço suficiente para uma expressão pessoal. Os escritos oulipianos são um exemplo brilhante disso.

7 Kant, *Critique de la faculté de juger, op. cit.*, p. 205.

8 Sabemos o quanto a ideia foi explorada pelos Românticos. Repitamos as afirmativas, muito célebres, de Novalis: "O poeta ordena, funde, escolhe, inventa — sem que ele mesmo entenda por que age assim e não de outro modo"(apud J.-M. Schaeffer, *L'Art de l'âge moderne, op. cit..*, p. 109).

A consequência dessa característica dupla (a ausência de finalidade claramente estabelecida, o caráter em parte não dominável da criação) é que o objeto de arte dá testemunho de uma liberdade na expressão que não encontramos em nenhum outro lugar: "Na realidade, explica Kant, deveríamos chamar de arte apenas a produção por liberdade"[9]. Paradoxalmente, é exatamente porque o sentido não é sua preocupação primeira que a arte é tão interessante no plano do conteúdo. Destacada de todo objetivo definido, a obra pode se permitir quase tudo.

Contrariamente ao que poderíamos pensar, esse ponto de vista não é invalidado pelo fenômeno das "recategorizações" literárias. À primeira vista, se alguns textos (um tratado de Cícero ou uma meditação de Descartes), que originalmente não fazem parte do campo artístico, são redefinidos como "literários" é porque eles dão testemunho de uma *escrita*. Mas o essencial talvez deva ser procurado noutro lugar: nas *consequências* dessa supervalorização do significante. Ao trabalharem a forma, Cícero ou Descartes liberaram significações das quais não tinham necessariamente consciência. Ora, esse "outro sentido", que não está inscrito na relação determinada de seus textos com a verdade, sem dúvida, está para muitos no interesse que lhes atribuímos ainda hoje.

Por conta dessas condições que presidiram sua elaboração, o objeto de arte apresenta características específicas no plano da significação. É tempo de examiná-las.

A especificidade do sentido artístico

As modalidades da criação artística explicam três das principais características do sentido literário: ele é diverso; ele não é inteiramente conceitualizado; ele ilumina dimensões do humano.

Na medida em que o autor não controla inteiramente o que faz, a obra é mais interessante como *sintoma* do que como *sinal*. Considerar o texto

---

9 Kant, *Critique de la faculté de juger, op. cit.*, p. 198. O grande artista se caracteriza, aos olhos de Kant, por sua originalidade exemplar no livre uso das faculdades de conhecimento.

como *sinal* é partir do princípio de que um autor exprime intencionalmente determinado número de coisas por meio de seu texto. Considerá-lo como *sintoma* é identificar o que ele significa — para além de todo desígnio intencional — enquanto artefato produzido em determinada época e sob certas condições. Todo texto significa simultaneamente como sinal e como sintoma: um texto de publicidade, por exemplo, dá testemunho de uma intenção precisa (valorizar um produto para produzir vontade de consumi-lo) exprimindo por suas características sua inscrição em uma sociedade ou a subjetividade de seu criador. Mas o texto literário, cuja primeira intenção não é transmitir uma mensagem clara, significa essencialmente como sintoma. Como a forma é menos dependente do controle consciente do que o conteúdo, a obra significa sempre mais, até mesmo outra coisa, do que aquilo que o autor tinha em mente. Hegel observa:

> A significação [de uma obra de arte] é sempre algo de mais vasto do que aquilo que se mostra na aparência imediata[10].

Retomando a fórmula de G. Poulet, o pensamento manifesto pelo texto é constitutivamente "indeterminado"[11]. Se é difícil saber o que *Fedra* exprime como sinal (o que Racine queria exatamente dizer ao escrevê-lo), podemos mostrar (e isso foi feito) que a peça, enquanto sintoma, exprime uma visão de mundo jansenista, o complexo de Jocasta ou, ainda, o mal-estar da nobreza de manto sob o reinado de Luís XIV. Como foi demonstrado por S. Suleiman, até mesmo os romances de tese, na medida em que são resultado da literatura, veem

[10] Hegel, *Esthétique, op. cit.*, vol. I, p. 72. O que, para Hegel, é um defeito da arte simbólica (ela significa mais do que aquilo que se pensa que ela significa) talvez seja o que constitui o valor da arte em geral. Lembremos que, aos olhos de Hegel, a história da arte se divide em três períodos, segundo as relações específicas que mantêm entre si a Ideia (o conteúdo) e a expressão (a forma): a arte simbólica (na qual a forma excede o conteúdo), a arte clássica (na qual forma e conteúdo se equilibram) e a arte romântica (na qual o conteúdo excede a forma). Depois desse último estágio, a arte, tornada inútil pela religião, estaria destinada a morrer para abrir espaço à filosofia.

[11] "[A]trás das determinações muito aparentes que ocupam a primeira posição em todas ou em quase todas as obras, há sempre também, mas de maneira bem mais discreta, a expressão de uma realidade completamente diferente, necessariamente situada em uma profunda retração" (G. Poulet, *La Pensée indéterminée*. Paris: PUF, 1985, p. 5).

sua finalidade determinada (transmitir um sentido específico) mesclada ou, até, contradita[12].

A obra literária é então, a sua maneira, um "documento". Mas, contrariamente ao que Jakobson afirmava[13], constatar isso não equivale a negar a especificidade artística. Se o característico de um texto literário é condensar saberes diversos e variados[14], essa riqueza cognitiva é consequência direta de seu estatuto de obra de arte, isto é, das condições nas quais ele foi criado. Diante da pergunta: "O que é que se deve reter de um texto?", responderíamos facilmente que tudo é importante. O interesse de um texto está justamente na multiplicidade de conteúdos que ele veicula, aqueles que ele transmite intencionalmente e aqueles que ele exprime "por acidente".

Que um texto signifique o contrário daquilo que o autor pensava ter infundido nele é, portanto, um excelente indício da identidade artística, assim como da facilidade com que uma obra se abre para uma diversidade de interpretações. *Anna Karênina*, que Tolstói concebera como um libelo contra o adultério, pode finalmente ser lido como um panfleto feminista, um hino à liberdade individual[15]. O desenlace de *Moll Flanders* (no qual a pícara reconhece os próprios erros para se livrar da morte)

---

[12] Barrès, Nizan ou Mauriac também quiseram escrever histórias exemplares, seus textos não são menos trabalhados pela "não pertinência", pelo "transbordamento" e pela "reticência". Existe, então, uma distância entre aquilo que os autores tentavam transmitir e aquilo que seus textos dão finalmente a ler (cf. *Le Roman à these ou l'autorité fictive*. Paris: PUF, 1983, Failles ou la revanche de l'écriture, p. 239-279).

[13] Lembremos que, segundo Jakobson, os "monumentos literários" não passariam de "documentos defeituosos, de segunda ordem" ("La nouvelle poésie russe", 1919, reimpresso em *Huit questions de poétique, op. cit.*, p. 17).

[14] "A literatura assume muitos saberes. Em um romance como *Robinson Crusoé*, há um saber histórico, geográfico, social (colonial), técnico, botânico, antropológico (Robinson passa da natureza para a cultura). Se, por conta de não sei qual excesso de socialismo ou de barbárie, todas as nossas disciplinas devessem ser expulsas do ensino, exceto uma, seria a disciplina literária que deveria ser salva, porque todas as ciências são apresentadas no monumento literário" (R. Barthes, *Leçon*. Paris: Seuil, 1978, p. 17-18).

[15] "Quando Tolstói esboçou a primeira variante de *Anna Kariênina*, Anna era uma mulher muito antipática, e seu fim trágico era perfeitamente justificado e merecido. A versão definitiva do romance é muito diferente, mas não acho que Tolstói tenha mudado nesse meio tempo suas ideias morais; eu até chegaria a dizer que, durante a escrita, ele escutava uma voz diferente da voz de sua convicção moral pessoal" (M. Kundera, *L'Art du roman*. Paris: Gallimard, 1986, p. 190).

pode ser entendido como a exemplificação da gratuidade da salvação em uma perspectiva calvinista ou como uma celebração do instinto vital. Uma obra não é apenas *suscetível* a várias interpretações: ela *contém* efetivamente os diversos saberes que ali se desvelam. É essa, sem dúvida, uma das chaves de sua sobrevida. Como diz tão bem Compagnon,

> os textos literários são justamente aqueles que uma sociedade utiliza sem necessariamente vinculá-los a seu contexto de origem. Sua significação (sua aplicação, sua pertinência) parece não se reduzir ao contexto de sua enunciação inicial[16].

Esclareçamos que o sentido de um texto não está aí para ser "reinventado" por parte de cada público: ele é simplesmente "reatualizado". Se posso lançar mão de La Boétie para entender minha época[17], é a partir da definição da "servidão voluntária" *inscrita em seu texto*: só podemos utilizar, aplicar ou recontextualizar *aquilo que já existe.*

Uma segunda característica importante do sentido veiculado pela obra é que ele não é integralmente conceitualizado. Como o autor não domina tudo o que ele investe em seu texto, alguns conteúdos só serão identificados muito tempo depois da publicação da obra, uma vez que já terão se configurado as ferramentas teóricas que permitam determiná-los. Anteriormente a isso, os saberes em questão serão simplesmente "sentidos", tanto quanto podemos experimentar o efeito de uma sinfonia sem entender nada de musicologia. C. Elgin apreende desse modo o texto literário como uma configuração significante à espera de um quadro interpretativo que a desvende: uma peça de teatro como *Casa de bonecas*, por exemplo, antecipa desde 1879 uma denúncia que só será plenamente teorizada e conceitualizada pelo discurso argumentado do feminismo[18]. A atividade do crítico que tenta dar conta daquilo

---

[16] A. Compagnon, *Le Démon de la théorie, op. cit.*, p. 48.

[17] É difícil não seguir Y. Citton quando ele vê no texto de La Boétie, que estigmatiza a forma como os tiranos adormecem os povos com jogos e espetáculos, "a descrição exata de nosso entretenimento televisionado do início do século XXI" (*Lire, interpréter, actualiser — Pourquoi les études littéraires?* Paris: Éditions Amsterdam, 2007, Introduction, texto retomado em Fabula: <http://www.fabula.org/atelier.php>.

[18] Cf. C. Elgin, Comprendre: l'art et la science, *in*: R. Pouivet (org.), *Lire Goodman*. Combas: Éditions de l'Éclat, 1992, p. 60.

que é expresso por uma obra literária realmente não é tão diferente da atividade do cientista que tenta interpretar um fenômeno. Quando um físico se pergunta por que os objetos do universo microscópico apresentam simultaneamente propriedades de ondas e de partículas, ele se une ao procedimento do crítico que se pergunta por que um texto diz tal ou qual coisa de certo modo. Poderíamos pensar que existem várias respostas para a pergunta do crítico, enquanto devia existir uma única para a pergunta do cientista. Mas até mesmo isso não é certo. Vejamos: para a pergunta "por que os corpos se atraem?" existem duas respostas igualmente válidas: a lei da gravidade (uma força universal leva os corpos dotados de massa a se atraírem entre si) e a relatividade geral (o que nos aparece como uma atração se deve à curvatura do espaço-tempo).

Portanto, é perfeitamente legítimo aplicar ao texto literário modelos críticos diversos e constantemente renovados: eles atualizam uma dimensão da obra efetivamente presente, mas ainda na ausência dos meios para identificá-la, na falta da linguagem apropriada para descrevê-la. É inútil lembrar aquilo que a psicanálise, o marxismo ou a linguística, desse ponto de vista, deram de contribuição ao estudo dos textos.

No plano do conteúdo, uma derradeira e importante característica da obra literária é exprimir dimensões do humano. Trata-se aqui de uma consequência direta das condições da criação artística: quando se exprimem sem restrições nem finalidade claramente estabelecida, deixa-se aflorar uma série de coisas de interesses muito diversos — que podem ser decorrência de uma cultura, de uma subjetividade, de um fundo antropológico —, mas que têm em comum exprimir essa ou aquela dimensão constitutiva do sujeito. Essa é a razão pela qual encontramos de tudo na obra de arte: esquemas ideológicos, cenários inconscientes, configurações subjetivas. Mas, se algumas obras se contentam em veicular estereótipos, outras exploram espaços ainda desconhecidos ou levantam questões de alcance geral. O interesse do saber veiculado, muito variável, a depender dos textos[19], apresenta-se assim como um

---

[19] Aqui não seguirei M. Charles, quando ele denuncia "a espécie de ligação, surda, mas terrivelmente eficaz, que se manifesta muito regularmente entre um conjunto de textos e aquilo que se nomeia como uma 'abordagem': esperamos ainda, impacientemente, um estudo genético de Rabelais, uma leitura temática de Voltaire, uma leitura ideológica de Char etc. [...].

critério que permite hierarquizá-los. Se "O barco bêbado" tem artisticamente mais valor que "I like Ike"[20] é porque o poema de Rimbaud exprime, sobre o ser humano, mais coisas, mais importantes coisas que o *slogan* político reconhecido por Jakobson como exemplar da função poética. A leitura das "grandes" obras literárias geralmente nos permite aprender um pouco mais sobre nós mesmos. Escreve Kundera:

> Imaturos, julgam os velhos hábitos de Céline sem perceber que os romances de Céline, graças a esses velhos hábitos, contêm um saber existencial que, se eles o compreendessem, poderia torná-los mais adultos. Porque o poder da cultura reside nisso: ele resgata o horror transubstanciando-o em sabedoria existencial[21].

Essa constatação não equivale a diminuir a importância da forma, mas leva à redefinição de seu papel.

A forma pelo menos: o pensamento inscrito

Todo texto possui uma dupla dimensão: enquanto discurso, ele é uma fala sobre o mundo; por sua forma, ele se dá a ler como uma realidade visual e sonora, cujo poder expressivo vai muito além da função

(*Introduction à l'étude des textes, op. cit.*, p. 12). Se os textos não se prestam igualmente a todas as abordagens, é porque eles não veiculam obrigatoriamente o mesmo tipo de saberes.

20 Para retomar uma pergunta feita por J.-L. Jeannelle (Valeur et littérature — Le point aveugle de la théorie. *La lecture littéraire*, no 8, "La Case blanche". Reims: Centre de Recherche sur la Lecture Littéraire, 2006, p. 128).

21 M. Kundera, *Les Testaments trahis*. Paris: Gallimard, 1993, p. 280. De certa maneira, essa é uma ideia que já encontramos em Hegel. Aos olhos do filósofo alemão, se a obra de arte é superior aos espetáculos da natureza, é porque ela dá testemunho da atividade do espírito e carrega a marca do ser humano: "[...] a tarefa e o fim da arte consistem em reduzir a nossos sentidos, a nosso sentimento e a nossa inspiração tudo o que tem um lugar no espírito humano. A arte deve realizar em nós a bem conhecida sentença, '*nihil humani a me alienum puto*'. Supomos, então, que seu fim é despertar e vivificar os sentimentos entorpecidos, as inclinações e as paixões de *todo tipo*, de *encher* o coração, de fazer os homens, educados ou não, sentirem tudo o que a alma humana, em sua intimidade mais secreta, pode portar, experimentar e produzir, tudo o que a profundidade do peito humano possa agitar e suscitar em seus múltiplos aspectos e possibilidades [...]" (*Esthétique*, Introduction, *op. cit.*, p. 102--103). A força da arte, como indicado na citação de Terêncio ("nada do que é humano me é estranho"), é tornar sensível, portanto partilhável, a interioridade de um sujeito.

referencial. Mas, enquanto na linguagem corrente o poder evocativo do significante geralmente é neutralizado (o importante é o conteúdo da mensagem), no texto literário — assim como em todo objeto de arte — a forma não pode ser isolada do conteúdo: ela faz parte do sentido. É isso o que nota Schaeffer: os universos de ficção, na contramão das representações não ficcionais, não são dissociáveis da forma que os apresenta[22]. Enquanto uma pasta de dentes tem uma realidade independente da publicidade que lhe infla as qualidades, o personagem de Emma ou o barrete de Charles Bovary só existem pela maneira como o texto de Flaubert no-los mostra. Se é o conteúdo que constitui o valor de uma ficção, é então conveniente especificar que esse conteúdo só é dado mediante uma forma particular, da qual ele não pode ser separado (é por isso que é sempre interessante levar em conta a forma, mesmo quando ela tenha perdido seu impacto estético).

Essa ideia central é teorizada por N. Goodman com recurso à noção de *exemplificação*[23]. Para o filósofo americano, o que caracteriza uma obra de arte enquanto tal é o *modo* particular com que ela significa. Goodman apreende a significação por meio da questão da referência. Quando um signo remete (arbitrariamente) a um referente, ele fala de "denotação": a palavra "maçã" denota um fruto que atende a determinadas características; a palavra "lápis", uma ferramenta que serve para escrever. Mas quando é o próprio objeto, enquanto realidade concreta, que remete a uma categoria mais geral, da qual ele é apenas um exemplo, a referência se faz por "exemplificação". Neste último caso, o objeto funciona como uma amostra daquilo a que ele refere. Um elemento do mundo pode, desse modo, exemplificar qualquer um dos traços que o mundo possui (natureza, forma, cor, valor cultural), por menos que esse traço seja valorizado em um contexto específico: uma maçã real poderá assim exemplificar, segundo os casos, a categoria das frutas, dos objetos redondos, dos objetos vermelhos, dos objetos proibidos etc.

A exemplificação pode, contudo, ser *literal* ou *metafórica*. Um objeto exemplifica literalmente as propriedades que ele efetivamente possui: um qua-

[22] Cf. *Pourquoi la fiction?* Paris: Seuil, 1999, p. 229.

[23] Cf. N. Goodman, *Langages de l'art*. Nîmes: Jacqueline Chambon, 1990 [ed. or.: 1968].

dro branco exemplifica literalmente a brancura; um monóstico exemplifica literalmente a brevidade. Mas um objeto também pode exemplificar metaforicamente propriedades que ele não possui de maneira figurada. Desse modo, se dirá que um "spleen" de Baudelaire exemplifica metaforicamente a melancolia, na medida em que a melancolia não é uma propriedade efetiva do texto: o poema não "possui" materialmente a melancolia; ele se contenta com remeter a ela de maneira imagética. Essa exemplificação metafórica — também chamada por Goodman de "expressão" — mantém um estreito vínculo com a exemplificação literal: *Madame Bovary* exemplifica literalmente o imperfeito iterativo e *exprime* o tédio de uma existência enredada na repetição; *Em busca* exemplifica literalmente a frase longa e exprime o desejo de fixar a evanescência do instante.

A exemplificação — que, segundo Goodman, é uma das características fundamentais do texto literário (como de toda obra de arte)[24] — passa essencialmente pela forma. Mais exatamente, uma obra exemplifica um dos traços que ela possui quando faz desse traço uma aposta, exibindo-o:

> [...] em uma obra literária, o que geralmente conta, não é apenas a história narrada, mas a maneira com que ela é narrada. [...] A rima, o ritmo, os sentimentos e outros modelos exemplificados desempenham [nela] um grande papel [...][25].

As propriedades exemplificadas atraem a atenção sobre a escrita. Podemos ler um texto de Céline sem ser detidos pelos pontos de suspensão ou um romance de Duras sem nos interrogar sobre a frequência das elipses.

Entender uma obra de arte é, então, examinar as complexas relações entre o que é mostrado e o modo com que se o mostra. O recurso à focalização interna variável faz também de *A condição humana* um romance de divisão das consciências, assim como a duplicação do narrador faz de *Molloy* um romance de questionamento identitário. Os "traços chamados de formais aparecem então não apenas como sendo vetores cognitivos da mes-

---

[24] No entender de Goodman, uma das condições prévias para que um objeto se torne "artístico" é que ele signifique a modo de exemplificação. Lembremos que o filósofo americano propõe substituir a pergunta "o que é a arte" por outra pergunta: "Quando é que se tem arte?"

[25] *L'Art en théorie et en action*. Combas: Éditions de l'Éclat, 1996, p. 45 [ed. or.: 1984].

ma importância dos conteúdos representados, mas também como sendo inseparáveis deles"[26]. Podemos, então, destacar uma quarta característica do sentido literário: ele passa, em grande parte, pela forma[27].

INTERLÚDIO 4

Clarões na noite

(Nerval, "El Desdichado")

"El Desdichado" é o mais conhecido dos poemas reunidos em 1854 na coletânea *Les Chimères*. Vamos analisá-lo concentrando-nos nas modalidades particulares da significação em regime literário[28].

El Desdichado

Je suis le ténébreux, – le veuf, – l'inconsolé,
Le prince d'Aquitaine à la tour abolie:
Ma seule *étoile* est morte, – et mon luth constellé
Porte le *soleil* noir de la *Mélancolie*.

Dans la nuit du tombeau, toi qui m'as consolé,
Rends-moi la Pausilippe et la mer d'Italie,
La *fleur* qui plaisait tant à mon cœur désolé,
Et la treille où le pampre à la rose s'allie.
Suis-je Amour ou Phébus?... Lusignan ou Biron?
Mon front est rouge encor du baiser de la reine;
J'ai rêvé dans la grotte où nage la sirène...

[26] J.-M. Schaeffer, *Pourquoi la fiction?*, *op. cit.*, p. 230.

[27] Poderíamos facilmente estender ao conjunto das obras literárias as propriedades que, segundo G. Scarpetta, definem o "grande romance": "1º) explora[r] um território ainda desconhecido da experiência humana [...]; 2º) inventa[r] ou renova[r] a forma [...]; 3º) torna[r] indissociáveis esses dois aspectos" (*L'Âge d'or du roman*. Paris: Grasset, 1996, p. 15).

[28] As reflexões que se seguem se apoiam nos numerosos comentários que este poema tem suscitado. Mencionaremos, em particular, M. Collot, *Gérard de Nerval ou la dévotion à l'imaginaire*. Paris: PUF, 1992; J. Dhaenens, *Le Destin d'Orphée. Études sur* El Desdichado *de Nerval*. Paris: Lettres Modernes, 1972; J. Geninasca, Les Chimères *de Nerval. Discours critique et discours poétique*. Paris: Larousse, 1973.

Et j'ai deux fois vainqueur traversé l'Achéron:
Modulant tour à tour sur la lyre d'Orphée
Les soupirs de la sainte et les cris de la fée.[29]

El Desdichado[30]

Eu sou o tenebroso – o viúvo –, o inconsolado,
O príncipe da Aquitânia de torre abolida:
Minha única *estrela* está morta – e meu alaúde constelado
Traz o *sol* negro da *Melancolia*.

Na noite do túmulo, tu que me consolaste,
Devolve-me o Posílipo e o mar da Itália,
A *flor* que agradava tanto a meu coração desolado,
E a treliça onde o pâmpano à rosa se alia.

Sou Amor ou Febo?... Lusignan ou Biron?
Minha fronte ainda está rubra do beijo da rainha;
Sonhei dentro da gruta onde nada a sereia...
E, duas vezes vencedor, atravessei o Aqueronte:
Modulando a cada vez na lira de Orfeu
Os suspiros da santa e os gritos da fada.

O poema como sinal

Antes de significar como sintoma, este poema — como todo objeto linguístico — significa como sinal. Sem pretender trazer à luz a intenção que era a de Nerval no momento da escrita, continua sendo possível identificar vários componentes semânticos explícitos dos quais todas as interpretações terão de dar conta. A investigação genética permitirá, se for o caso, especificar determinados pontos.

Para começar, podemos nos interessar pelas numerosas referências literárias e culturais de que o poema se nutre. Sua elucidação não apresenta grande dificuldade.

O título, "El Desdichado", remete ao *Ivanhoé* de W. Scott. "O Deserdado" é a divisa inscrita no escudo do herói epônimo, despossuído de seu feudo pelo príncipe

[29] Nerval, "El Desdichado" (1853), *Les Chimères* (1854), *in*: *Œuvres Complètes*. Paris: Garnier, 1966, p. 693.

[30] A tradução que se oferece a seguir é literal, para que possamos acompanhar as análises do autor. Existe uma bela tradução poética de Manuel Bandeira, que é possível encontrar nas obras completas do poeta brasileiro. Quanto ao título, significa "O Desafortunado", em espanhol (N. T.).

João. Em nosso texto, o alaúde, instrumento do poeta, logicamente substitui o escudo. A imagem que ele apresenta por divisa — um "sol negro" — remete à gravura "Melancolia" de Albert Dürer, evocada num outro texto de Nerval, *Voyage en Orient*.

O "belo tenebroso" (*Beltenebros*) é a alcunha que se dava o herói do *Amadis de Gaula*. Observe-se que esse príncipe, com seus amores contrariados, mas exemplar do ideal cavalheiresco, é o modelo que Dom Quixote escolhe para si.

O conjunto do segundo quarteto recorda uma novela de Nerval, "Octavie", que se encontra em *Les Filles du feu*. O narrador ali relata uma estada na Itália onde, tentado pelo suicídio ("a noite do túmulo"), a ele renuncia graças a uma jovem inglesa ("tu que me consolaste"). Assombrado por ideias de morte enquanto passeia pelo promontório que domina a baía de Nápoles ("o Posílipo"), ele lembra que marcou encontro com a jovem sob uma "treliça". Mais adiante encontramos uma referência a outra novela das *Filles du feu*, "Sylvie": o narrador evoca, então, uma tarde campestre em que, adolescente, recebeu na testa um beijo de Adrienne, "rainha" da festa e "santa" virtual (ela morrerá religiosa).

O primeiro terceto compreende uma série de referências culturais que têm em comum o fato de remeter ao amor culpado e infeliz. Tal como relata *O asno de ouro*, de Apuleio, a mortal Psiquê foi separada do deus Amor (Cupido) por ter tentado ver-lhe o rosto. Quanto a Febo (Apolo), deus do sol, da beleza e das artes, ele é paradoxalmente violento, cruel e quase sempre malsucedido com as mulheres.

Lusignan e Biron pertencem ao folclore local. Lusignan, senhor de Poitou, foi, conforme a lenda, esposo da fada Melusina. Infringindo o interdito, ele a surpreende no banho e descobre que seu corpo termina numa cauda de serpente. Biron, "príncipe da Aquitânia", é um velho companheiro de armas de Henrique IV. Deixando-se levar numa conspiração contra seu rei, é condenado à morte e decapitado.

O último terceto se refere explicitamente ao mito de Orfeu. Partindo em busca de sua esposa Eurídice no inferno, o poeta consegue, graças a sua "lira", acalmar Cérbero e apaziguar as Fúrias. Observe-se que o texto de Nerval não se pronuncia sobre o desfecho fatal dessa busca: tendo-se virado para trás antes de ter deixado o reino dos mortos, Orfeu, na lenda, perde Eurídice para sempre.

Essas múltiplas referências dão testemunho da inscrição objetiva no texto de uma série de temas e motivos: a perda; o amor infeliz; a traição e a transgressão; a culpa; a morte; o poder da arte.

Esse sentido "manifesto" pode ser determinado por algumas informações provenientes de fora do texto. Gérard de Nerval, convencido de que descendia de um castelão do Périgord que trazia em seu brasão três torres de prata, se via como "príncipe da Aquitânia". Se a torre foi "abolida" é porque o poder senhorial desapareceu com o Antigo Regime. O espaço evocado remete, por um lado, às temporadas de Nerval na Itália e, por outro, à zona rural de Valois onde, criança, sonhava nas grutas e perto dos riachos. Acrescente-se que Nerval faz figura de "viúvo" desde 1842, ano da morte de Jenny Colon, atriz à qual dedicou uma longa paixão. "Estrela" e "fada" do palco, ela permanecerá sua Eurídice. Num plano mais geral, o sentimento de "despossessão" de um eu errando nas "trevas" remete às crises de demência vividas pelo autor.

É possível reconstituir, portanto, ao menos em parte, o que Nerval quis expressar com esse poema: o sofrimento de um eu privado de seu objeto de amor que, pelo refúgio no imaginário, busca conjurar a fatalidade da perda.

Mas o autor, como se viu, não controla tudo o que investe em seu texto: a significação do poema não poderia limitar-se a esse sentido explícito.

O poema como sintoma

Evidentemente, é impossível determinar tudo o que esse poema de Nerval expressa (alguns conteúdos só aparecerão com a emergência de novos instrumentos conceituais). Entretanto, podemos trazer à luz vários dos saberes que ele veicula. A título de exemplo, examinaremos o que diz o texto enquanto sintoma de um inconsciente e expressão oblíqua de uma visão histórica e cultural.

No plano psicanalítico, o texto mostra como o inconsciente tenta gerir o trauma ligado à perda. O "melancólico" é aquele que, não podendo aceitar o caráter definitivo da separação, recusa o trabalho do luto: é precisamente um "inconsolado". Ora, o sentimento da perda é um dado essencial do imaginário nervaliano: a morte "recente" de Jenny só faz lembrar uma perda mais fundamental: a da mãe de Gérard, desaparecida cedo demais e de quem só lhe restam algumas imagens. A gruta na qual sonha nadar esse "eu" duplamente "despossuído" pode assim ser lida como uma figuração do princípio materno: ela expressa o desejo de uma regressão ao estado fetal.

Essa falta impossível de preencher conduz à incerteza identitária. O questionamento sobre si está, de fato, no centro do poema: o eu atribui a si mesmo identidades diversas e contraditórias sem alcançar nenhuma certeza. As figuras com as quais ele se identifica têm em comum, contudo, a associação do amor e da transgressão. Psiquê e Lusignan pagam o preço altíssimo de terem infringido o interdito; Biron é executado por ter traído a amizade de Henrique IV; Febo é culpado de violência e crueldade. Pareceria que, através de cada aventura, o sujeito busca reviver um amor absoluto e proibido: o amor pela mãe. O distúrbio identitário do sujeito é tanto mais profundo na medida em que a ascensão não é permitida: a torre foi "abolida"; o Posílipo, símbolo de poder, significativamente tem de ser reencontrado. Pode-se ver nessas imagens, que fazem eco às relações conflituosas entre Gérard e seu pai, uma figuração da castração.

O questionamento sobre si acrescenta um sofrimento psicológico à dor afetiva causada pelo desaparecimento do ser querido. De acordo com o processo de sublimação, o sujeito transfere a energia libidinal do domínio sexual para o domínio artístico: se o alaúde (instrumento artístico) é "constelado", é para conjurar a morte da "estrela". Mas a mulher idealizada (a "rainha" ou a "santa") se revela uma compensação insuficiente para a perda. Ela sofre a concorrência da figura carnal da sereia, próxima da água e da terra, que remete a um amor muito mais concreto. Note-se que os elementos do mundo natural ("*flor*", "treliça", "rosa") conservam, até o final do poema, um forte poder de sedução. Não é tão fácil renunciar ao mundo sensível.

Se o poema dá testemunho de um imaginário individual, também exprime o ponto de vista de toda uma geração. O texto data de 1853. É o início do segundo Império. Nesse período marcado pelo autoritarismo e pelo absolutismo, o único espaço de liberdade é o da subjetividade, cujas duas formas essenciais são o amor ("coração", "beijo") e a poesia ("alaúde", "lira"). A supervalorização do espaço subjetivo se explica pela impossibilidade de agir no espaço político: o artista não tem outra solução a não ser se refugiar em sua torre de marfim. A descida aos infernos do último terceto, enquanto transgressão, recusa das fronteiras e dos limites, pode ser lida como uma afirmação da liberdade individual contra os interditos sociais.

De forma mais geral, o texto exprime o sentimento coletivo de pertencer a uma geração perdida. Depois da Revolução e do Império, o sentimento que domina é o de declínio. O texto se caracteriza, de fato, pela negação dos valores de eminência (a torre é "abolida", o Posílipo se perdeu). O esplendor do período precedente evanesceu (o sol é "negro", a estrela está "morta"). A passagem do real ao mito, do universo social ao universo natural, se explica pela impossibilidade de cumprir concretamente os sonhos de glória. Nerval participa assim do "mal do século": o presente opaco e limitado lhe parece não oferecer nenhuma perspectiva, nenhuma possibilidade de realização. O único personagem definido socialmente, "o príncipe da Aquitânia", vê significativamente negado seu poder. A "torre abolida" recorda a decapitação do rei e, para além, o fim da antiga ordem senhorial: o poeta ratifica, no modo melancólico, o desaparecimento de um mundo em que a hierarquia social se fundava na linhagem, na sacralização dos signos e dos títulos. Num presente que só tem o dinheiro como medida, as referências devem ser buscadas num alhures espacial e temporal. Por isso, o poeta encontra refúgio no passado (Biron), no imaginário (Lusignan) e no mito (Amor, Febo, Orfeu). Como a atualidade é desprovida de figuras heroicas, os suportes de identificação só podem ser buscados no folclore ou na lenda.

Os conteúdos veiculados por esse texto são, portanto, muito diversos. Mas qualquer que seja o domínio considerado, o sentido passa essencialmente pela forma.

O pensamento da forma

É difícil não se surpreender com os fenômenos de retomada e de repetição. Eles exprimem o lado opressor de um sofrimento lancinante. Desde o primeiro verso ("l*e*", "ténébr*eux*", "v*euf*"), o cansaço se exprime por variações sobre os fonemas mais neutros da língua francesa, [ə] e [œ]. O verso 5 faz eco ao verso 1: "Nuit du TomBeau" evoca "TéNéBreux". A escuridão interior deságua numa morte mental. Os prefixos privativos ("DESdichado", "INconsolé", "DÉsolé") dão testemunho da perda que afeta o sujeito. O "sol" de "solitude" se difunde no conjunto do quarteto: "inconSOLé", "abOLie", "cOnSteLLé", "SOLeil", "MélancOLie". A desestabilização do eu é sublinhada por uma pontuação ansiosa e caótica: travessões, reticências ou interrogação.

Os efeitos de eco também têm por consequência reforçar o fecho do soneto. Note-se que, contrariamente ao uso, os dois últimos versos do segundo terceto retomam a rima em [e] dos quartetos. O universo do poema, fechado em si mesmo, se apresenta como uma totalidade autônoma, independente do real, como se o imaginário fosse o único capaz de proteger das feridas da existência. Essa construção de um universo pessoal se manifesta igualmente pela reapropriação subjetiva da linguagem. O recurso aos itálicos (*étoile, soleil noir, mélancolie, fleur*) sugere a presença de um sentido oculto por trás do sentido aparente. Através dessa personalização do léxico social, a linguagem do eu se afirma contra a língua coletiva.

O texto é igualmente estruturado por uma série de oposições que atestam a clivagem identitária do sujeito. O poema opõe, de fato, duas figuras femininas (a santa e a fada), duas postulações religiosas (o cristianismo e o paganismo) e duas ordens (a natural e a cultural). O eu oscila igualmente entre o afastamento e a proximidade, o presente e o passado, as forças de vida e as forças de morte. O outro é ao mesmo tempo inalcançável (terceira pessoa) e interpelado (segunda pessoa).

Na última estrofe, a conjunção porém avança sobre a oposição, como se a divisão estivesse superada. "El Desdichado", figura da cisão, cede lugar a Orfeu, figura da síntese. Passa-se do "ou" ("Suis-je Amour *ou* Phébus?...", "Lusignan *ou* Biron?") ao "et" ("Les soupirs de la sainte *et* les cris de la fée"). O "tour à tour" responde à "tour abolie": a alternância substitui a disjunção, a dualidade agora é positiva. Os efeitos de espelho do último verso atestam uma coincidência enfim reencontrada: os "cRIS" da fada se refletem nos "SoupIRS" da santa, o natural (a animalidade dos urros) no espiritual. Passando para o feminino (a "lira" de Orfeu), o instrumento poético (o "alaúde" do "despossuído") parece ter se tornado mais eficaz. Tudo ocorre como se a clivagem identitária consecutiva à perda afetiva fosse reparada graças aos poderes da arte. O eu sabe enfim quem é: um poeta.

Ainda que sua dimensão estética definhe com o tempo, a obra literária permanece interessante, portanto, pelas significações que expressa. Mas atribuir tal privilégio ao conteúdo não é fechar as portas a uma dimensão da relação artística — a emoção — tradicionalmente considerada como incontornável?

Examinemos essa objeção.

Emoção e informação

Não é tão inquestionável assim que a emoção — entendida como "estado afetivo intenso" — seja indispensável à relação artística. Ficamos realmente "mexidos" quando olhamos as caixas *Brillo* de Andy Warhol ou a "Fonte" de Duchamp? Mesmo quando está presente, a emoção não poderia, por si mesma, dar testemunho da dimensão artística de uma experiência:

podemos ficar emocionados com textos que nada tenham a ver com a arte (uma obra científica ou um aviso fúnebre, por exemplo), até por acontecimentos (milhares de pessoas choraram no dia da vitória de Obama).

Quando a emoção intervém na relação artística, Goodman afirma que ela tem inicialmente um interesse cognitivo: "Na experiência estética, a emoção é um meio de discernir que propriedades uma obra possui e exprime"[31]. Em outros termos, a emoção é um índice que nos permite entender como a obra significa.

Vários textos literários parecem confirmar esse ponto de vista. Vejamos *W ou A memória de infância,* de Perec. Lembremos que o livro é composto da alternância de dois textos[32]: o relato autobiográfico da vida de uma criança durante a Segunda Guerra Mundial; uma ficção que evoca uma cidade regida pelo ideal olímpico. O problema é que a autoridade narrativa, muito fiável porque, nos capítulos anteriores, confunde-se com a autoridade do autor, torna-se neutra, até complacente, na descrição de um sistema sobre o qual pouco a pouco se aprende que ele remete obliquamente ao universo concentracionário. Mesmo que o horror desse universo esteja assinalado já desde o início, a informação é logo esquecida, e o texto prossegue com um relato de aventuras clássico, de tom mais leve. Na descrição da ilha propriamente dita (que só começa na 2ª parte do texto), a monstruosidade emerge muito gradualmente. Quando ela se torna explícita, o leitor se dá conta de que deu todo o crédito a uma voz que o enganou com sua falsa "objetividade". Experimentado o mal-estar, que chama a atenção sobre o dispositivo enunciativo, esclarece-se um dos desafios do texto: pôr em guarda contra a cega submissão à autoridade.

Dizer que "na experiência estética *as emoções funcionam cognitivamente*"[33] também significa que a identificação de uma propriedade até então desapercebida produz novas sensações. Uma releitura não suscitará a mesma experiência de uma primeira leitura, por definição não informada. Vejamos

---

[31] N. Goodman, *Langage de l'art, op. cit.*, p. 290.

[32] Na realidade, a composição é ainda mais complexa: temos dois relatos ficcionais, e o discurso autobiográfico é um encadeamento de diferentes estratos.

[33] N. Goodman, *Langages de l'art, op. cit.*, p. 291.

o *incipit* de *O emprego do tempo* de Butor: "Os clarões se multiplicaram"[34]. Essas primeiras luzes, que parecem à primeira vista designar os clarões da estação de Bleston (Jacques Revel chega de trem), remetem de fato à revelação que será trazida pela escrita (uma vez que o narrador-personagem terá tomado a decisão de manter o diário cuja primeira frase temos aqui). Esse *incipit* se situa, então, simultaneamente no plano do enunciado e no da enunciação: os clarões são, ao mesmo tempo, os que vêm da estação e aqueles que a escrita traz. É graças à autorreflexividade possibilitada pela retranscrição que Revel espera reatar os fios de sua existência alcançando uma dupla revelação, sobre si mesmo e sobre a cidade. Mas esse duplo "efeito de sentido" da frase de abertura só é perceptível se *já* se sabe o que vai ocorrer, ou seja, por ocasião de uma segunda leitura que, consequentemente, aumenta a intensidade de nossa relação com o texto. Em outro registro, dar-se conta de que *A vida – modo de usar* é construída a partir do salto do cavalo do xadrez[35] ou nele localizar uma das muitas referências intertextuais muda nossa relação emocional com a obra. Para Goodman, está claro que as emoções só têm interesse quando tomadas em um processo cognitivo que as subsuma: elas não têm valor em si mesmas.

Esse ponto de vista é contestado por Danto. Para o autor de *La Transfiguration du banal*, é claro que podemos entender um fenômeno sem vivê-lo, mas aí se perde a força da relação artística:

> A descrição de uma metáfora não conseguiria ter a mesma potência da metáfora que ela descreve, assim como a descrição de um grito de angústia não produz as mesmas reações do próprio grito de angústia[36].

Em outros termos, uma obra de arte é irredutível a seu comentário exatamente porque gera uma emoção: "É [...] a potência da obra

[34] M. Butor, *L'Emploi du temps*. Paris: Minuit, 1956, p. 9.

[35] "Teria sido entediante descrever o imóvel andar por andar e apartamento por apartamento. Mas, por outro lado, a sucessão dos capítulos não poderia ser deixada ao puro acaso. Decidi, então, aplicar um princípio derivado de um velho e bem conhecido problema dos amantes do jogo de xadrez: a poligrafia do cavalo (cf. François Le Lionnais, *Dictionnaire des échecs*. Paris: PUF, 1974, p. 304-305); trata-se de fazer um cavalo percorrer as 64 casas de um tabuleiro sem jamais parar mais de uma vez na mesma casa" (G. Perec, Quatre figures pour *La vie mode d'emploi*. *L'Arc*, 76 [1979]: 51).

[36] A. Danto, *La Transfiguration du banal*, *op. cit.*, p. 273.

que está implicada na metáfora, e a potência é algo que deve ser *sentido*"[37].

O debate é complexo. O que me parece importante reter é a distinção entre emoção *manifesta* (pelo texto) e emoção *sentida* (pelo leitor).

A emoção manifesta é aquela representada na obra — ou, mais exatamente, aquela à qual a obra *se refere*: podemos identificá-la como componente do texto sem necessariamente partilhá-la. Um romance pode pôr em cena personagens tristes, angustiados ou jubilosos sem suscitar no leitor tristeza, angústia ou júbilo. Do mesmo modo, o narrador pode qualificar determinado acontecimento de "horrível" ou de "admirável" sem provocar horror nem admiração. Mas, seja ou não partilhada pelo leitor, essa emoção "denotada" não é desprovida de interesse. Muito pelo contrário. Em literatura, todo conteúdo está associado a um colorido emocional, que faz parte da informação transmitida pela obra. Podemos até mesmo afirmar que, diferentemente do que ocorre nas ciências, a principal informação de um texto literário é esse colorido emocional: um romance nos ensina muito pouco sobre o amor ou sobre a morte, mas infinitamente mais sobre a relação com o amor ou com a morte.

A emoção manifesta remete não apenas à emoção *denotada,* mas também à emoção *expressa* no sentido goodmaniano do termo, isto é, metaforicamente exemplificada. Uma sinfonia também pode exprimir *musicalmente* um sentimento de abandono. O mesmo ocorre em literatura: os textos quase sempre exemplificam emoções (a dor, a insatisfação, a tristeza) por meio de propriedades formais que as exprimem metaforicamente. *A espuma dos dias* exprime o horror do trabalho mecanizado recorrendo ao léxico infernal, e o teatro de Beckett, o tédio de viver recorrendo a estruturas repetitivas.

A emoção *sentida,* em contrapartida, não é aquela que o texto denota ou exprime, mas aquela que ele produz no leitor. Portanto, ela depende menos do texto do que daquele que o lê. Mas pode ocorrer que ela se confunda com a emoção manifesta (a tristeza de um personagem pode me entristecer), mas é frequentemente independente dela (o terror de

37 *Ibidem.*

um narrador pode me fazer sorrir ou a angústia de um personagem me deixar perfeitamente indiferente). A emoção gerada (em conformidade ou não com a intenção do autor) tem, porém, seu valor próprio: ela nos esclarece sobre a relação afetiva particular que nós (leitores) mantemos com uma ideia, um pensamento ou um objeto do mundo. Observemos que essa emoção pessoal é, aos olhos de Proust, aquilo que há de mais importante na relação com a obra de arte. Schaeffer evoca essa passagem célebre, na qual o autor de *Em busca do tempo perdido* fustiga esses "celibatários da Arte" que "não extraem nada de sua impressão"[38]. Para Proust, restringir a relação artística à erudição é perder de vista o essencial: a impressão subjetiva experienciada pelo indivíduo particular e que deveria ser aprofundada.

Quando a emoção deixa de ser sentida, perde-se uma importante dimensão da relação artística: aquilo que a obra nos ensina sobre nós mesmos enquanto sujeitos afetivos e, logo, ideológicos (a ideologia é algo diverso do modo como colorimos emocionalmente ideias?). Mas se a emoção sentida se atenua, ou até desaparece, subsiste a emoção textualizada, que sempre nos revela algo sobre o sujeito que está na origem da obra e a visão de mundo na qual ele se inscreve.

Reportemo-nos a um breve poema de Saint-John Perse, intitulado "A semente":

> Em um vaso tu a enterraste, a semente púrpura
> que permaneceu em tua veste de cabra.
> Ela não germinou[39].

Estas duas frases geram emoção em mim. E acho muito difícil formular claramente suas propriedades: a evocação de um tesouro derrisório, mas precioso, me faz pensar na infância — transforma-se, a meus olhos, em uma imagem da infância. A "semente", inflada de possíveis, o "púrpura" evocando os faustos de um mundo imaginário, a "veste de cabra", metonímia de todos os disfarces e de todos os "como se" despertam sensações

[38] J.-M. Schaeffer, *Les Célibataires de l'art, op. cit.*, p. 355.
[39] Saint-John Perse, "La Graine", "Images à Crusoé", *in*: *Éloges*. Paris: Gallimard, 1960 [ed. or.: 1911], p. 68.

enterradas. Mas a conclusão brutal, até mesmo cruel ("Ela não germinou"), me devolve duramente ao presente: que fiz eu de meus desejos de criança? Não renunciei muito facilmente (por preguiça, falta de envergadura ou de coragem) a aspirações que me teriam levado por outro caminho a uma vida diferente da vida que é hoje a minha? Fico satisfeito quando faço um balanço? Então por que é que essa evocação do passado e das promessas da infância me toca a esse ponto? Por que esse "púrpura" me surge de repente como investido de uma sedução absoluta?

Prosseguir nessa reflexão me levaria a uma autoanálise que não infligirei ao leitor. Meu propósito é simplesmente mostrar que esse poema, ao suscitar em mim uma emoção, pode me esclarecer sobre aquilo que sou.

Contudo, o interesse do texto não se limita àquilo de particular que ele pode evocar a um leitor específico. Se a emoção subjetiva desaparece (talvez, quem sabe, um dia eu venha a considerar esse poema indiferente), sempre permanecerá o sentido relativo à emoção denotada ou expressa, quer dizer, *objetivamente manifesta*. O texto de Saint-John Perse remete explicitamente à nostalgia (como aquela de um Crusoé envelhecido, que, de retorno a Londres, recorda-se de sua ilha, da natureza e do mar), à amargura (a "semente púrpura" não germinou; o passado na ilha está definitivamente fora de alcance; ninguém anda para trás), ao lamento e à dor (e se deixar a ilha tiver sido um erro?). O sentimento de impotência é expresso pela palavra "vaso": espaço circunscrito e fechado que aparece como uma imagem degradada da ilha, evoca mais o túmulo que o berço; o tesouro enterrado (a semente) transforma-se ali no vaso em cadáver. "Crusoé", de qualquer ângulo que se olhe, nunca será "Robinson". Tais emoções "textualizadas", na medida em que se inscrevem em uma meditação de alcance universal (sobre a fuga do tempo, o trágico da existência, os limites de nossa condição), têm, me parece, um valor enquanto tais.

O lugar da emoção na relação artística não é, então, o mesmo, segundo se considerem as obras contemporâneas ou as obras do passado. À leitura de um texto contemporâneo, a emoção é frequente e simultaneamente manifesta e sentida (o autor participa do mesmo clima cultural que nós, não raramente aquilo que o emocionou nos emociona também). Nas obras do passado, em contrapartida, a emoção é apenas manifesta: ao ler *A nova Heloísa*, percebo a vontade do autor de me emocionar sem que eu, forçosamente, me emocione, quando, em sua origem, o texto de Rousseau fez correrem rios de lágrimas.

Como a grande maioria das obras são uma herança de séculos passados, percebemos essencialmente a emoção sob a perspectiva da informação objetiva (e não como vetor de uma informação sobre nós mesmos). Para voltar à *Nova Heloísa*, mesmo que eu não verta uma só lágrima por Julie ou Saint-Preux, o fato de Rousseau apresentá-los como emocionantes é fundamental para destacar sua visão do homem e da sociedade. Se Rousseau quis que seus personagens fossem "tocantes", mesmo quando "frágeis", é porque a autenticidade do sentimento tem, segundo ele, mais valor que o respeito automático pela moral social. É porque toda sociedade deve, no plano político, respeitar a autonomia dos indivíduos que a compõem: a vontade — fundamento do eu autêntico — não se delega. Em *A nova Heloísa*, a textualização dos sentimentos exprime obliquamente um pensamento filosófico. Na maioria das obras literárias, a emoção tem então *inicialmente* (mas não exclusivamente) um interesse cognitivo.

Entender, interpretar, explicar

Ao cabo desse longo desenvolvimento, proponho distinguir claramente as seguintes operações: *entender, interpretar, explicar.*

Entender é identificar o *sentido literal* de um texto.
Interpretar é depreender algumas *significações sintomáticas.*
Explicar é indicar as *causas* dos conteúdos atualizados.
Especifiquemos as modalidades de cada uma dessas operações.

Entender

"Entender" é "associar representações mentais às palavras", ou ainda "apreender intelectualmente a relação de significação que existe entre determinado signo e a coisa significada". O entendimento tem, então, por objeto o sentido "denotado", isto é, fundado em um consenso entre os falantes de determinada língua. Contestar a existência do sentido literal equivaleria a dizer que o texto se serve de signos que não significam nada antes de alguém se apoderar deles, o que evidentemente seria um absurdo. Esse sentido objetivo, convencional, partilhado pela comunidade dos falantes, está inscrito no código da língua: podemos qualificá-lo de "sentido linguístico". Ele remete a esse núcleo intersubjetivo da representação sem o qual falar de "língua comum" não quereria dizer nada. É graças à existência desse sentido literal que cada um "vê" o que eu designo quando falo de um "pássaro", mesmo que cada um tenha seu próprio modo de se representar um pássaro. Na ausência desse sentido "partilhado", não se poderia conceber o mundo alternativo construído pela ficção. O sentido linguístico está, portanto, no fundamento da comunicação: é em razão da denotação das palavras, de seu poder referencial, que o mundo da ficção guarda um vínculo com o mundo real e desemboca em uma série de representações mentais parcialmente intersubjetivas.

Contudo, restringir-se à significação linguística das palavras ou das frases não permite apreender a significação da obra: ficar nesse nível é simplesmente chegar ao que existe de "partilhado" no valor referencial da linguagem. É, por exemplo, reduzir o sentido da frase: "Durante muito tempo, fiz a barba logo cedo" à representação de um indivíduo masculino e de idade indeterminada confidenciando o fato de que outrora se barbeava logo cedo. Essa representação primeira e básica, pela qual passa necessariamente toda leitura, não conseguiria dar conta do que está em jogo no que diz respeito à memoria, à relação com o tempo, à identidade, à escrita ou à relação com o leitor[40].

Se nos interessamos pelo valor humano do texto, por seu interesse em termos de informação, não podemos nos contentar com o sentido lite-

[40] Em contrapartida, esse entendimento literal, apesar de redutor, pode perfeitamente bastar para a relação estética: não é indispensável depreender os desafios da frase para considerá-la bela e ter prazer em lê-la (assim como é possível apreciar um verso de Mallarmé deixando-se levar pela acepção primeira das palavras, sem obrigatoriamente captar aquilo que ele exprime).

ral. Não basta constatar que a obra nos fala de algo; é necessário saber o que é que ela nos diz. Ora, no campo artístico, a expressão — como vimos — passa essencialmente pela forma.

Interpretar

Na medida em que a literatura é um "sistema modelador secundário" (ela utiliza como material a linguagem, ou seja, um sistema que já é significante), parece legítimo distinguir o entendimento (que incide sobre o sentido das palavras na língua) e a interpretação (que se vincula às apostas de um texto particular). Para ser preciso, entendo por "interpretação" o gesto (crítico) que consiste em depreender algumas significações sintomáticas do texto com base na configuração específica dele.

Claro que é necessário explicar a escolha dos termos "significação" e "sintomática".

Inicialmente, não entendo por "significação" uma série de "sentidos segundos" que seriam adicionados ao sentido linguístico em função dos contextos de recepção[41]. As significações são *dados do próprio texto,* tanto quanto o sentido linguístico; simplesmente, elas são mais difíceis de identificar, na medida em que não se manifestam direta, mas obliquamente, por meio de conexões que não são (sempre) imediatamente visíveis.

Essas conexões já intervêm no nível do referente. Realmente, o texto literário constrói seus objetos reportando-se a uma série de representações mentais que lhe preexistem. A personagem de Emma Bovary é, assim, resultado de representações culturais associadas aos termos "mulher", "interiorana", "bela", "jovem", "mãe", "adúltera", "infeliz" etc. e *da conexão* que o texto sugere entre essas representações: "Adúltera" porque "bela" e "interiorana"; adúltera porque "jovem" e "bela"; "infeliz" porque "interiorana"; "infeliz" porque "mãe" etc. Ao construir um personagem ou um objeto (o barrete de Charles

[41] Não utilizo o termo no sentido de Hirsch (ver *supra*, p. 80).

também é resultado da combinação de representações existentes), o texto já exprime um conteúdo original: ele associa de maneira particular as representações coletivas que nos servem para pensar o mundo. O desafio de uma nova leitura é, portanto, atualizar conexões que não aparecem (ou eram negligenciadas) nas leituras anteriores. Para seguir com nosso exemplo, uma abordagem "feminista" do personagem de Emma poderá basear-se na seguinte sequência: infeliz porque leitora; leitora por haver estado no convento; tendo estado no convento porque mulher; logo, infeliz porque mulher.

Bem entendido, as conexões que servem de fundamento para o gesto interpretativo não dizem respeito apenas ao referente; elas existem em todos os níveis do texto.

As mais interessantes conexões são as relações de ordem lógica entre dois acontecimentos da história, à primeira vista, independentes, mas entre os quais o texto sugere uma aproximação. Façamos uma incursão pelas histórias em quadrinhos. Quando leio o álbum de Tintin, *O tesouro de Rackam, o Terrível*, a história faz o relato de dois acontecimentos de vulto: uma caça ao tesouro em uma ilha perdida no mar; a aquisição do castelo de Moulinsart, que permitirá constituir a "família" (Girassol e Haddock ali habitarão, e Tintin irá encontrá-los lá regularmente). Não há relação direta entre os dois acontecimentos. O vínculo (tênue) decorre do fato de Girassol ter aproveitado a caça ao tesouro para testar um submarino, cuja patente lhe proporcionará recursos para comprar o castelo. Se o texto sugere um vínculo mais profundo é porque a expedição fracassa (o tesouro que se caçava encontrava-se em Moulinsart), mas desemboca concretamente no advento de uma pequena comunidade. Bem poderia ser que o "tesouro" evocado pelo título não fosse aquele que se pensava que era: um "tesouro" afetivo e interno se superpôs ao tesouro concreto; é ele que permite o êxito do empreendimento, mas em um plano distinto do êxito material. A aventura no mar, longa busca iniciática, era, porém, necessária para essa tomada de consciência — de onde a relação causal entre os dois acontecimentos.

Poderíamos certamente identificar funcionamentos da mesma ordem em qualquer texto literário. Podemos, por exemplo, estabelecer um vínculo causal, no *Germinal*, entre uma aventura que se passa durante boa parte do tempo nas entranhas da terra (a mina) e a última cena, na qual o protagonista, Étienne Lantier, por fim se "encontrou", como se a viagem ao interior de si, nas profundezas da psique, fosse um pré-requisito para a apreensão de sua identidade. As conexões também podem ser feitas no plano local: em *O vice-cônsul*, de Duras, existe um vínculo entre a fobia da lepra (que ataca a fronteira constituída pela pele) e o modo de ver se fissurarem as barreiras "protetoras" que separam os indianos dos ocidentais. A maioria das análises temáticas equivalem, de fato, ao estabelecimento das relações de causalidade entre dois elementos[42].

As conexões sugeridas pelo texto não se limitam, muito ao contrário, às relações de ordem lógica. Pode se tratar de paralelismos (a noite interior/a noite exterior), de oposições (o alto e o baixo; o fechado e o aberto), de repetições (de acontecimentos, de palavras, de estruturas), de aprofundamentos (especificação, desenvolvimento, intensificação) etc.; mas, em todos os casos, é o relacionamento entre componentes do texto que, à primeira vista, não estavam relacionados que funda a interpretação.

Em síntese, interpretar consiste em dar conta, tanto no nível local como no nível global, do duplo gesto de *seleção* (por que o texto optou por essa configuração aí?) e de *combinação* (que significações podem ser lidas nas relações entre elementos textuais?). Vejamos o início de *Um balcon en forêt*: "Depois que seu trem deixou para trás os subúrbios e os vapores de Charleville, parecia ao aspirante Grange que a feiura do mundo se dissipava"[43]. No plano da seleção, por que falar de "o aspirante Grange" em vez, por exemplo, do "tenente Grange", ou mais simplesmente "Grange", ou ainda, de modo anônimo, de "um oficial"? Seria por causa das conotações do termo "aspirante" — que, além de sua significação militar, remete à "aspiração", isto é, ao desejo, à abertura ao mundo? No plano da combinação, não se poderiam estabelecer outras conexões além dessa explicitamente formulada entre o espaço industrial e a feiura? Não haverá um vínculo

---

[42] A pertinência das análises em questão está claramente em função do número de indícios que permitam estabelecer a relação.

[43] J. Gracq, *Un balcon en forêt, op. cit.*, p. 9.

entre o movimento e a abertura à beleza (que seria derivada, então, da desmaterialização do mundo real?) entre a viagem exterior (possibilitada pelo trem) e a viagem interior (através de si)? Entre a sensação da duração, vivida como uma saída do tempo, e o sentimento de liberdade? Na escala do conjunto do relato, por que ter escolhido evocar "a danada da guerra" através do cotidiano de uma pequena tropa em uma fortaleza de Ardennes (o "balcão na floresta" designado pelo título)? O que é que exprime a conexão sugerida pelo texto entre o sentimento (individual) de viver um sonho acordado e a expectativa (coletiva) do desencadeamento das hostilidades? Notemos que se pode perfeitamente responder a essas perguntas sem recorrer à intenção do autor: a identificação das significações sintomáticas — aquilo que eu chamo de a "interpelação" — é apenas uma explicitação da *intentio operis*.

Se qualifico de "sintomáticas" essas significações associadas à forma é porque elas são "segundas", "indiretas" e não necessariamente voluntárias. Pode até ser que algumas entre elas respondam a um projeto explícito do autor; mas pretender, em face de um texto literário, distinguir sentido intencionado e sentido não intencionado me parece muito arriscado e, ao fim e ao cabo, sem muito interesse. Quando Hergé inscreve em um álbum uma versão pessoal do "romance familiar", ou quando Gracq encena um gosto pela solidão tão pronunciado que a presença do outro (especialmente feminino) não é mais indispensável, é intencional ou não? Só alguém muito astuto poderia responder a isso. O importante é que o texto fala efetivamente de determinado número de coisas: que essas coisas resultem de uma expressão consciente, semiconsciente ou totalmente involuntária não tem incidência sobre o interesse que elas podem suscitar no leitor. Contudo, não estamos impedidos de perguntar por que um texto exprime o que exprime. Mas, nesse momento, deixamos a *interpretação* e partimos para a *explicação*.

Explicar

"Qual é o conteúdo do texto?" e "por que ele apresenta esse conteúdo aqui?" são, realmente, duas perguntas muito distintas. A visão desesperada (e burlesca) da existência que a peça de Beckett, *Fim de partida,* veicula me interessa na medida em que, ao me fazer pensar, alimenta meu ponto de vista sobre o mundo e a vida. Mas inquirir para saber de onde vem essa visão sem concessão (do espírito do tempo? da biografia de Beckett? da lógica interna à história do teatro? de uma colagem de influências culturais?) é um procedimento diferente, que não é indispensável à identificação dos desafios da peça. Do mesmo modo, não há a menor necessidade, para apreender a lei da gravidade, de conhecer as etapas intelectuais, psicológicas ou emocionais pelas quais Newton passou para formulá-la: podemos entender a gravitação sem saber isso e mesmo sem saber nada da vida de Newton, até mesmo ignorando ter ele existido.

Portanto, é preciso distinguir duas operações que a crítica quase sempre confunde: identificar as significações veiculadas pelo texto; explicar causalmente a presença dessas significações perguntando-se de onde elas vêm[44].

Muito evidentemente, entre as causas que explicam as significações de um texto, está o projeto intencional do autor — pelo qual podemos nos interessar *desse ponto de vista*. Mas há também uma série de causas não intencionais (a sociedade, a história, a cultura, a biografia etc.). Para retomar o exemplo de *Fim de partida,* é claro que a questão de saber se a existência merece ser vivida é tributária do contexto do imediato pós-segunda guerra (a peça data de 1956), do impasse de determinada forma de teatro, da renovação da reflexão sobre a linguagem, ou ainda da relação problemática de Beckett com a família e outras figuras parentais. A lista certamente não se esgotaria: uma infinidade de causas entram em ação para se poder produzir determinado efeito. Diante da pergunta: "O que é que provocou a renúncia de Jânio Quadros?", todos conviremos que a resposta "forças ocultas" é bastante sumária.

---

[44] Por isso, mesmo que, contrariamente a Schaeffer, eu não penso que "a significação de um texto seja a significação que seu falante lhe deu" (*Les Célibataires de l'art, op. cit.*, p. 307), eu o seguirei sem reserva quando ele denunciar a confusão entre "o entendimento do texto e sua explicação causal" (*ibidem*, p. 308).

Uma resposta satisfatória deveria abranger o conjunto de fatores que levaram Jânio Quadros a renunciar: a personalidade do ex-presidente, a situação político-econômica do Brasil, a conjuntura histórica que levou o país aos próximos acontecimentos pós-renúncia etc. Existem diferentes modelos explicativos porque é sempre possível remontar mais ou menos longe na escalada das causas.

Contudo, uma análise literária não deveria se limitar à explicação causal. Se a obra não passar de uma consequência dos fatores que a geraram, não haverá sentido novo. Como todo sistema complexo, a obra manifesta propriedades "emergentes"[45]: ela é sempre mais diversa do que o conjunto das causas que a produziram. O texto pode ser parcialmente explicado pelo estado do mundo, mas, em contrapartida, nunca deixa de modificar esse mesmo mundo[46].

Para distinguir com precisão as diferentes operações em jogo quando nos apegamos ao sentido de um texto literário, concentremo-nos, para concluir, em um exemplo preciso. Trata-se da primeira frase do *Vice-cônsul* de Duras: "Ela caminha, escreve Peter Morgan"[47].

A fase de *entendimento* consiste em associar o enunciado a um conjunto de representações mentais com base no "sentido" literal das palavras, o que equivale quase a: "Um personagem de sexo feminino se desloca a pé de um lugar para outro; esse acontecimento é retranscrito por um personagem masculino, cujo nome tem uma consonância anglo-saxônica". É difícil questionar esse primeiro entendimento — mesmo que, evidentemente, algumas informações necessárias possam estar faltando (a conotação anglo-saxônica do nome "Peter Morgan" baseia-se em um saber cultural de que um leitor mediano pode carecer).

Na fase de *interpretação*, nos concentraremos em depreender algumas significações sintomáticas ligadas à configuração do enunciado e às co-

---

45 Ver *supra*, p. 23

46 Os textos das Luzes certamente resultam do contexto da primeira metade do século XVIII (e do fim do século XVII); em contrapartida, não deixam de ter influência sobre a origem dos distúrbios políticos que se sucederam a partir dos anos 1780.

47 M. Duras, *Le Vice-consul*. Paris: Gallimard, 1966, p. 9.

nexões que possamos estabelecer entre os elementos que o compõem. A frase se apresenta como um quiasmo: sujeito/verbo/verbo/sujeito. Esse dispositivo (ABBA) sublinha uma oposição dupla: entre uma figura anônima ("ela") e um personagem dotado de uma identidade social solidamente estabelecida ("Peter Morgan"); entre uma relação imediata com o mundo ("caminhar") e uma relação distanciada, que supõe certo recuo ("escrever"). A ordem das frases revela, por fim, uma relação de dependência: o caminhar da mulher anônima está subordinado à escrita do personagem masculino. Determinadas conexões (que serão ou não confirmadas pela sequência do texto) são sugeridas: entre a identidade social e a situação de poder (no que se refere a Peter Morgan); entre a feminidade, a situação de dependência e o anonimato (no que se refere à "caminhante"); entre a escrita e o poder; entre a escrita e a identidade; entre a vida imediata, que encara o mundo tal como ele é, e a vida mediatizada, "recriada" pela escrita. Ao dizer as coisas desse modo, o texto exprime significações diversas (política, feminista, existencial, fenomenológica, metaliterária), algumas das quais estão por ser conceitualizadas (como a ideia, problemática, de que a imersão no mundo talvez tenha mais valor que a relação reflexiva e distante permitida pela escrita) e que iluminam dimensões do humano (especialmente — através das questões da identidade e da alteridade — as relações entre sexos, classes sociais ou grupos nacionais).

Finalmente, na fase de *explicação*, vamos perguntar por que o enunciado exprime esses conteúdos (pergunta facultativa e independente da interpretação). Para responder, poderemos nos interessar pelo projeto de Duras (causa intencional), mas também pelos acontecimentos que ela viveu, pela estrutura familiar que marcou seu imaginário, por sua formação literária e intelectual, pela situação da literatura nos anos 1960 ou pelo contexto político e ideológico da época.

Se a busca do sentido está no fundamento da relação artística, torna-se possível abordar sob um novo ângulo a questão, fortemente debatida, do valor da arte.

O VALOR

Valor estético e valor artístico

Falar de "valor estético" geralmente suscita um sorriso condescendente. Realmente a questão é astuciosa: o valor estético não se demonstra pela boa e simples razão de que ele não tem existência objetiva. Podemos amar ou odiar a *pop art*, a música de Wagner, ou a poesia de Victor Hugo: sempre uma questão de gosto. Na prática, porém, não é lá muito fácil, como vimos[1], separar a arte da questão do valor. Consequentemente, o problema é mais complexo que aparenta.

Julgar a obra no plano estético é — em linguagem corrente — perguntar se ela suscita o sentimento do belo. Ora, esse sentimento é puramente subjetivo. Nesse sentido, a posição de Kant parece definitiva:

> Não pode haver regra objetiva do gosto que determine mediante um conceito o que é belo. Porque todo juízo provindo dessa fonte é estético, isto é: seu princípio determinante é o sentimento do sujeito, não um conceito do objeto. Buscar um princípio do gosto, que indicaria por conceitos determinados o critério universal do belo, é um empreendimento estéril, porque o que se busca é impossível e, em si mesmo, contraditório[2].

---

1 Ver o capítulo 1.

2 *Critique de la faculté de juger, op. cit.*, p. 100.

Disso Schaeffer conclui que o juízo estético é apenas a verbalização de um sentimento de prazer (ou de desprazer) inevitavelmente pessoal[3]. Quando se diz que uma obra é bela, o que se está dizendo é que ela simplesmente nos agrada. Podemos, é óbvio, nos *interessar* por uma obra de arte em razão de suas propriedades objetivas (sua temática, sua identidade genérica, suas apostas explícitas ou implícitas etc.); mas esse tipo de atenção não afeta o juízo estético que se fará dela. Um texto pode nos *interessar* sem nos *agradar*. Logo, há sentido em distinguir radicalmente relação *estética* de relação *artística*[4]. A partir de agora, passarei a entender por "estético" aquilo que remete ao sentimento do belo e por "artístico" aquilo que designa nossa relação com a obra de arte (que não apenas não se limita ao sentimento do belo, como talvez nem tenha necessidade dele).

O valor artístico, com efeito, nada tem de ilusório se o definimos como "valor cognitivo resultante do trabalho formal"[5]. Trata-se de um dado objetivo que não está vinculado à variabilidade dos públicos: basta, para medi-lo, identificar os saberes efetivamente inscritos na obra — o que corresponde ao trabalho incessante e multissecular da crítica. É claro que um objeto só tem valor relativamente ao uso que se decida fazer dele. Se, mesmo assim, os critérios de avaliação não são inteiramente contingentes, é porque alguns objetos são mais bem adequados a certos usos que outros. Ora, as obras literárias, por sua própria gênese (o projeto estético), ou por sua configuração (sobrevalorização do significante) estão estruturalmente votadas a exprimir coisas originais, até mesmo inesperadas.

---

[3] J.-M. Schaeffer, *Les Célibataires de l'art, op. cit.*, p. 202-203.

[4] Mesmo que a maioria dos teóricos realmente as diferencie, geralmente eles continuam a pensá-las uma ligada à outra. É assim que, para Genette, "a função artística é apenas um caso particular de relação estética" (*La Relation esthétique, op. cit.*, p. 9). Em outros termos, a primeira se superpõe à segunda: ao fazer intervirem "dados 'genéticos' (técnicos ou conceituais)", a apreciação *artística acrescenta* ao prazer estético um prazer de conhecimento (*ibidem*, p. 221). Mas, se admitirmos que o juízo estético ("acho essa obra linda") e a apreciação artística ("acho essa obra interessante") nada têm a ver, por que fazer o artístico depender do estético?

[5] Esse trabalho formal pode ser voluntário ou não. O importante é que um texto *manifeste* um interesse pelo significante.

O fato de uma obra veicular mais ou menos saberes (mais ou menos interessantes) nada tem a ver com o fato de ela ser considerada esteticamente bem-sucedida ou não. É claro que podemos considerar que uma obra que suscita o interesse sem suscitar o prazer não faz mais parte da "cultura artística viva"[6]; mas também podemos defender a posição contrária: apenas uma obra que continua a interessar quando sua sedução não atua mais (em outras palavras, que sobrevive ao "espírito do tempo") constitui um valor seguro. Simetricamente, as obras que hoje "agradam" ao maior número por razões conjunturais não resistirão necessariamente à prova dos séculos se não tiverem nada (ou grande coisa) a dizer.

Como Schaeffer concede ao final dos *Célibataires de l'art*, existem claramente duas relações possíveis com a obra de arte: a atenção estética, de um lado; a relação de interesse, de outro[7]. Podemos considerar (com Proust) que é só a primeira que vale. Por outro lado, também é verdade que a segunda também tem legitimidade, especialmente porque pode desembocar em uma forma de prazer, que talvez não esteja tão afastada do prazer estético:

> Se a descrição que esbocei estiver correta, o prazer estético é inseparável de uma atitude cognitiva (perceptiva *e* conceitual) e, portanto, também inseparável de uma atenção contínua àquilo que a obra de arte pode nos ensinar — desde que entendamos que os conhecimentos transmitidos pelas obras são os mais diversos, a depender da obra, dos gêneros e das artes. Por fim, esse conhecimento, que encontra sua fonte nas artes não é diferente (nem superior, nem inferior) daquele que alcançamos pelas outras vias cognitivas, quer se trate da experiência cotidiana, da reflexão filosófica ou dos saberes científicos: é justamente nisso que ela nos importa e nisso que ela pode enriquecer nossa vida[8].

Se a questão do interesse é primordial, não vemos bem por que "cada um deva resolver essa questão por si mesmo"[9]. A resposta pode — até mesmo *deve* — basear-se nas propriedades do objeto que, depois

---

[6] J.-M. Schaeffer, *Les Célibataires de l'art, op. cit.*, p. 230.

[7] *Ibidem*, p. 354.

[8] J.-M. Schaeffer, *L'Art de l'âge moderne, op. cit.*, p. 386.

[9] *Ibidem*, p. 368.

de terem sido identificadas, lhe conferem um valor. Se for impossível provar que uma frase longa é mais "bela" que uma frase "curta", podemos perfeitamente demonstrar que um texto é hermeneuticamente mais rico que outro.

Quaisquer que sejam nossos gostos pessoais, podemos apreciar algumas obras por suas propriedades objetivas — no caso, os saberes que elas veiculam. Por isso, se podemos ao mesmo tempo amar e respeitar, podemos também amar sem respeitar ou respeitar sem amar. Podemos respeitar (dou exemplos ao acaso) *A canção de Roland* ou *A divina comédia* sem sentir prazer em lê-los. Simetricamente, uma obra pode nos dar prazer por razões estritamente subjetivas: basta que ela desperte nossa memória afetiva, que evoque temas ou ambientes que nos sejam caros, ou ainda, mais simplesmente, que esteja associada a uma situação positiva de leitura. Para sair, por um instante, do campo literário, posso perfeitamente me sentir emocionado por uma série de televisão pela qual eu não tenha a menor consideração: o argumento é grosseiro, os personagens são convencionais, a história é estereotipada, mas encontro nela algo (sem dúvida ligado ao contexto no qual eu a assisti pela primeira vez) que me toca pessoalmente. Para dizer as coisas cruamente, pode-se ter mais prazer assistindo a um dos filmes da franquia *James Bond* do que a um filme de Godard, mesmo tendo mais respeito pelo segundo do que pelo primeiro. É a uma distinção da mesma ordem que Rochlitz parece se referir quando evoca uma "racionalidade estética" independente do juízo de gosto: "Para julgar um objeto cuja identificação ou entendimento são difíceis, é preciso aprender de que ponto de vista é pertinente julgar suas qualidades, o que não é a mesma coisa de gostar ou de não gostar dele"[10]. Nessa perspectiva, o papel do crítico não seria tanto nos fazer apreciar (subjetivamente) um texto, e sim de nos mostrar em que sentido ele é (objetivamente) interessante[11].

---

[10] R. Rochlitz, *L'Art au banc d'essai: esthétique et critique*. Paris: Gallimard, 1998, p. 154.

[11] Finalmente, não estamos muito longe da concepção de Goodman, que, por julgar não pertinente a questão do valor artístico ("As obras de arte não são cavalos de corrida", *Langages de l'art, op. cit.*, p. 304), também não fala muito de obras "boas" ou "más". Ao que sua

O ponto de vista que defendo aqui é, por sinal, amplamente partilhado. Se o valor de uma obra literária estava — *ainda, para nós* — prioritariamente ligado à fruição estética, por que a maioria dos clássicos nos seria apresentada (inclusive nas edições para o público não especializado) através de um aparato crítico (notícia, prefácio e notas) destinado a especificar seus desafios? A invasão do comentário nos textos consagrados pela posteridade basta para mostrar que o que esperamos de uma obra literária não se limita ao prazer formal. O mesmo ocorre nos outros domínios da arte. Os libretos de ópera são, em geral, dotados de uma notícia introdutória; os "audioguias" presentes na maioria dos museus ajudam na identificação dos conteúdos. Tudo se passa como se procurássemos na obra de arte algo além da emoção, como se tivéssemos necessidade de atingir, através dela, um saber.

Vejamos, agora, o que é feito do valor específico desse objetos de arte particulares que são as obras literárias.

O valor literário

Se a riqueza semântica é uma característica de toda obra de arte, ela tem uma densidade particular na obra literária[12]. A arte verbal — cuja matéria é o conjunto de representações em que se fundamenta a linguagem — apresenta ao mesmo tempo uma vantagem qualitativa (ela é tomada diretamente do pensamento) e quantitativa (remete a uma multiplicidade de conteúdos). Vincular o valor de uma obra ao conhecimento que ela nos traz é, para um ocidental nutrido de humanidades, da ordem da evidência. Como o explica Compagnon, essa visão é comum aos antigos e aos modernos:

---

reflexão indica, seu critério de avaliação parece ser a capacidade de as obras consideradas desenvolverem nosso entendimento do mundo.

[12] Vimos que a avaliação literária jamais se limitou às qualidades formais: ela sempre levou em conta — em graus variáveis, a depender das épocas — a dimensão intelectual.

> Segundo Aristóteles, Horácio e toda a tradição clássica, esse conhecimento tem por objeto o que é geral, provável ou verossimilhante, a *doxa*, as sentenças e máximas que permitem regular o comportamento humano e a vida social. Segundo a visão romântica, esse conhecimento incide, sobretudo, sobre aquilo que é individual e singular. A continuidade, contudo, permanece profunda, de Paolo e Francesca que, em *A divina comédia*, apaixonam-se um pelo outro lendo os romances da Távola Redonda, a Dom Quixote, que operacionaliza os romances de cavalaria, e a Madame Bovary, intoxicada pelos romances sentimentais que devora. Essas obras voluntariamente paródicas provam a função de aprendizagem atribuída à literatura[13].

Haveria, então, uma forma de saber que se encontraria exclusivamente na literatura e à qual só se poderia chegar pela literatura.

O interesse como critério

Que o valor de uma obra literária dependa em grande parte de sua riqueza cognitiva todo leitor pode comprovar: quem é que nunca se pegou apreciando um texto depois de tê-lo estudado, isto é, uma vez atualizada uma parte daquilo que ele exprime? A avaliação artística não pode negligenciar a questão do conteúdo.

Partirei, para demonstrar isso, de um episódio pessoal. Por ocasião de um colóquio intitulado: "A leitura: da página à tela", um colega me deu uma notícia extraordinária: haviam sido descobertos inéditos de Baudelaire. Como ele os baixara em um computador portátil, me propôs vê-los. Aceitei com entusiasmo. Tive, assim, a emoção de ver desfilarem na tela poemas notáveis que pareceriam provir diretamente de *Flores do mal*: as imagens, as rimas, a temática me eram familiares; mesmo assim — a constatação se impôs a mim — eu nunca lera aqueles textos. Enquanto olhava para meu colega com incredulidade, ele me deu, sorrindo, a explicação que o leitor já adivinhou: não se tratava de inéditos de Baudelaire, mas de textos gerados aleatoriamente por

13 *Le Démon de la théorie, op. cit.*, p. 37.

computador. O programa, a partir do léxico utilizado em *Flores do mal* e baseado em estruturas tipo (o soneto, o alexandrino, a frase "baudelairiana" etc.) podia produzir mecanicamente e quase ao infinito textos "baudelairianos". Os poemas, que tinham me emocionado tanto *enquanto acreditei serem de Baudelaire*, perderam então todo interesse: inteiramente produzidos ao acaso, eles não tinham nem mais vida nem mais esplendor. A conclusão a que chego é que textos gerados por computador são como rostos que acreditamos reconhecer nas nuvens: na medida em que, sendo contingentes, eles não exprimem nada, seu estatuto "artístico" é problemático. Como Rochlitz observa,

> é necessário que uma obra de arte represente uma aposta que valha a pena e que focalize o interesse, sem o que a coerência de uma forma geométrica propriamente traçada, de um alinhamento de frases gramaticalmente irrepreensíveis bastaria para fundar o valor da arte[14].

Mas não havíamos dito que uma obra literária podia veicular tanto o saber mais interessante quanto os estereótipos mais batidos?[15] O tipo de conhecimento inscrito em um texto é exatamente o critério decisivo que permite traçar uma fronteira entre as "grandes" obras e as restantes. Se o saber transmitido pela obra resulta sempre do *humano* (é decorrência daquilo que um sujeito exprime quando escreve sem restrições nem finalidade claramente estabelecida), ele só terá valor em dois casos específicos: quando apresenta um caráter inédito; quando remete a uma questão *essencial*[16]. O interesse de uma leitura decorre efetivamente tanto da descoberta de uma dimensão de nós mesmos até então inexplorada, como do sentimento de sermos confrontados com uma questão fundamental. O primeiro caso explica a dimensão histórica da arte (o inédito é sempre relativo a um contexto cultural); o segundo, a "universalidade" creditada a determinados textos.

---

[14] R. Rochlitz, *L'Art au banc d'essai: esthétique et critique, op. cit.*, p. 201.

[15] Ver *supra*, p. 88-89.

[16] Com isso não quero dizer que não exista uma natureza humana universal (quanto a isso, não tenho opinião formada), mas que alguns componentes da existência — o desejo, o sofrimento, a consciência da morte etc. — interessam, pela força das coisas, a cada um entre nós.

As obras atravessam o tempo ou porque nem sempre se conceitualizou o conjunto de saberes de que elas são portadoras, ou porque tocam algo de profundo que continua, senão a fascinar, pelo menos a interessar. Os discursos que são atualmente objeto de zombaria sobre as obras "ricas de verdade humana" talvez não sejam tão ridículos quanto parecem. Convém simplesmente esclarecer que a "verdade humana" veiculada pela obra não é forçosamente a glória do homem. Um texto pode perfeitamente tomar o contrapé de alguns discursos apaziguadores sobre o humanismo[17], ou até mesmo mostrar que a própria ideia de sujeito humano não faz sentido[18].

Notemos que essa abordagem da obra literária corresponde perfeitamente à prática, tanto dos críticos, dos acadêmicos como, mais globalmente, das instituições. Quando se trata de avaliar uma obra do passado, não nos perguntamos se a sua forma ainda pode nos tocar (uma forma datada não basta — felizmente — para desacreditar uma obra literária). As perguntas que faremos serão do tipo: o que o texto exprime escapa aos clichês de sua época? A originalidade da obra é ainda hoje perceptível? O que é que faz com que a obra continue a nos falar?

Ainda falta examinar como o texto se articula para fazer emergir esse saber (inédito ou essencial) que está na base de seu valor.

O inédito

O texto literário pode manifestar conteúdos singulares porque não tem de levar em conta nem exigências da realidade, nem exigências da moralidade.

Isso é evidente no caso das ficções — que constituem a maior porção do campo literário. Situando-se externamente à oposição verdadeiro/falso, elas não estão presas nem a uma obrigação de verdade, nem a respeitar a verossimilhança. Nota Genette:

---

[17] Basta pensar nos relatos de Juan Gotysolo ou de Thomas Bernhard.

[18] Como certamente fizeram alguns textos do "nouveau roman".

> Como tantos filósofos repetiram desde Frege, o enunciado de ficção não é nem verdadeiro nem falso (mas apenas, teria dito Aristóteles, "possível"), ou é simultaneamente verdadeiro e falso: ele está além ou aquém do verdadeiro e do falso, e o contrato paradoxal de irresponsabilidade recíproca que ele mantém com seu receptor é um emblema perfeito do famoso desinteressamento estético[19].

As obras romanescas também se beneficiam, em sua relação com a realidade, de uma flexibilidade extraordinária que lhes permite explorar todas as virtualidades da existência. Elas podem, por exemplo, dissociar o que geralmente está mesclado (razão prosaica e imaginação poética estão no *Dom Quixote* encarnadas em dois personagens) ou mesclar aquilo que é normalmente separado (reunindo em uma mesma cena um motoqueiro da atualidade e um cavaleiro do século XVIII, o narrador de *A lentidão* medita respectivamente sobre suas concepções de felicidade e de dignidade)[20]. Ao nos envolver em um mundo que não é a realidade, mas que se assemelha a ela[21], as ficções nos levam, portanto, a reavaliar o mundo onde vivemos. Essa acusação do real pelo virtual às vezes é tematizada no seio da obra, como em *Cristóvão Nonato*, de Carlos Fuentes[22], que nos confronta com um México de ficção que é difícil de não relacionar com o México real.

Mas as ficções não estão liberadas apenas das regras da verossimilhança. Elas também estão liberadas das restrições de ordem ética. O importante em uma obra de arte não é sua conformidade com os valores estabelecidos (o que restaria se fôssemos seguir esse critério?). Uma obra pode ser moralmente duvidosa, sem nem por isso perder seu valor artístico (que — insistamos nisso mais uma vez — decorre dos saberes que ela veicula). Não se trata de determinar se um texto representa o bem ou

---

19 G. Genette, *Fiction et diction, op. cit.*, p. 99.

20 Cf. M. Kundera, *A lentidão*. São Paulo: Cia. das Letras, 2011.

21 Aqui podemos nos lembrar das afirmações de M. Kundera: "O romance não examina a realidade, e sim a existência. E a existência não é o que se passou, a existência é o campo das possibilidades humanas, tudo o que homem pode vir a ser, tudo aquilo de que ele é capaz. Os romancistas desenham o mapa da existência descobrindo essa ou aquela possibilidade humana" (*L'Art du roman, op. cit.*, p. 57).

22 Cf. C. Fuentes, *Cristóvão Nonato*. Rio de Janeiro: Rocco, 1992.

o mal, mas *daquilo que ele exprime* sobre o bem ou sobre o mal. Logo, não é o caso de seguir Danto, quando ele afirma que existem sujeitos de cuja arte não devemos nos apoderar: segundo o autor de *La Transfiguration du banal*, é imoral representar artisticamente, ou seja, "pôr em perspectiva", coisas sobre as quais deveríamos na verdade agir[23]. Isso é esquecer a existência do contrato de leitura ficcional, que funciona para a quase totalidade do campo artístico. Como o explica Schaeffer, a leitura de ficções se situa no quadro pragmático do "fingimento lúdico partilhado"[24]: quando lemos um romance, sabemos que o autor não nos pede para levar a sério o que ele diz[25]. Desse modo, uma ficção pode pôr em cena comportamentos resultantes de artifício e (por vezes) do ridículo inerente à sentimentalidade (Kundera, Vargas Llosa), ao convencionalismo (Goytisolo), ao humanismo (Beckett), sem que seja preciso com isso que os percursos encenados sejam exemplos a imitar no mundo real. Se os valores vindos no bojo de uma obra têm interesse, é como *informação* (sobre um sujeito, um época, um modo de se relacionar com o mundo etc.), não como modelo ou contramodelo proposto ao leitor. Lamentamos ter de enfatizar algo tão evidente; mas os últimos desenvolvimentos da crítica anglo-saxônica, infelizmente, nos obrigam a isso[26].

Se as obras literárias frequentemente desembocam em um saber original, isso se dá na medida em que a liberdade de expressão que as funda se concretiza em configurações inéditas. A originalidade pode dizer respeito ao plano acontecimental (a metamorfose de um indivíduo em seio[27]), emocional (o prazer provocado por uma expectativa

[23] Cf. *La Transfiguration du banal, op. cit.*, p. 60-61.

[24] J.-M. Schaeffer, *Pourquoi la fiction?, op. cit.*, p. 156.

[25] Esse "pacto de leitura" vale apenas, é claro, para os textos de ficção de um escritor, não para suas outras produções ou pronunciamentos: mesmo sendo absurdo pedir satisfações aos personagens romanescos inventados por M. Houellebecq, em contrapartida, é perfeitamente legítimo interpelar o cidadão Houellebecq quando ele se exprime em seu próprio nome na imprensa ou na televisão.

[26] Para esse ponto, remetemos à análise crítica que R. Shusterman faz da "virada ética" da crítica anglo-americana ("*Hard Times*, une éthique de la lecture". *Études anglaises*. Paris: Klincksieck, tomo 55, julho-agosto-setembro 2002, p. 286-297).

[27] Ver P. Roth, *Le Sein*. Paris: Gallimard, 1984 [ed. or.: 1972].

decepcionada[28]) ou temática (considerar toda forma de vida como um crime[29]). A arte, como observa J. Morizot, é justamente "o laboratório mais inventivo e mais instrutivo da atividade simbólica"[30]. Poderíamos pensar que, com o tempo, o campo daquilo que ainda resta por descobrir (portanto, o interesse das obras) inevitavelmente se restringe. Mas evidentemente esse não é o caso pela simples razão de que o homem evolui com seu ambiente. Em outros termos, mesmo sendo a dor, a sexualidade, a paternidade constantes antropológicas, a relação com a dor, a sexualidade e a paternidade é posta em termos diversos em cada época (e em cada cultura). Para dar apenas um exemplo, pensemos na questão da família, que não pode ser abordada da mesma maneira na sociedade colonial e na era industrial.

Da mesma maneira, aquilo que era inédito em uma época não se mantém obrigatoriamente inédito na sequência. Por que, então, nos interessar pelo que era arte no passado? Existem, como vimos, duas respostas para esta pergunta. Por um lado, podemos ter atualizado um dos saberes veiculados pela obra sem nem por isso ter esgotado o conjunto de seu potencial cognitivo. Por outro lado, o interesse do conteúdo manifesto pode provir de outro motivo que não sua novidade: sua *essencialidade*. Algumas obras apontam, com efeito, para dimensões fundamentais do ser humano, às quais, por definição, somos sempre sensíveis.

O essencial

A temática das obras que perduram é, evidentemente, transcultural. Nesse aspecto, nós nos alinhamos com T. Pavel:

---

[28] É esse, como vimos, o tema de *La Presqu'île*, de J. Gracq: a ausência de Irmgard no trem do meio-dia está na origem de uma errância geográfica e mental, que permite a Simon imergir no espaço e no tempo (ver supra, p. 50).

[29] Ver S. Beckett, *Fim de partida*. São Paulo: Cosac Naify, 2010: os protagonistas, ao constatarem que a vida é sinônimo de sofrimento, chegam à conclusão de que a melhor solução é a pura e simples extinção da espécie.

[30] J. Morizot, Éloge de la construction, *in: Lire Goodman*, *op. cit.*, p. 45.

> Por todos os lugares e sempre, encontramos conjuntos temáticos mais ou menos completos, englobando nossas principais preocupações, sociais ou existenciais. O nascimento, o amor, a morte, o sucesso e o fracasso, o poder e sua perda, as revoluções e as guerras, a produção e a distribuição de bens, o estatuto social e a moralidade, o sagrado e o profano, os temas cômicos da inadaptação e do isolamento, as fantasias compensatórias etc. atravessam toda a história da ficção, desde os mitos mais antigos, até a literatura contemporânea. As mudanças de gosto e de interesses modificam apenas marginalmente esse inventário[31].

Para além das variáveis históricas e subjetivas, os seres humanos têm realmente certo número de coisas em comum. Toda vez que uma obra aborda uma das grandes questões com as quais somos confrontados, adquire um alcance geral que explica a persistência do interesse que se dispensa a ela.

Não há dúvida de que é isso que B. Larsson quer dizer quando explica que os textos literários têm essa propriedade particular — que ele nomeia de *tipicidade*[32] — de designar, por meio de um referente único, todos os referentes assemelhados. Notemos que a tipicidade está na base da exemplificação artística tal como é definida por Goodman: a obra pode falar conosco enquanto amostra de uma categoria mais geral que ela encarna como objeto particular. O simples fato de podermos interpretar uma exemplificação (isto é, de identificar o geral por trás do particular) pressupõe o caráter emblemático de algumas figuras ou situações. É a tipicidade que me permite considerar *Madame Bovary* como a expressão de um mal-estar metafísico e *Os miseráveis* como representativo dos desgastes humanos resultantes da injustiça social. As obras mais marcantes seriam, então, exemplares de características fundamentais de nossa condição (e não apenas de traços sociais e psicológicos relativos a um contexto cultural particular). Como Danto observa, os grandes textos são aqueles que nos apresentam uma metáfora de nossa própria vida, permitindo-nos nos reconhecer em alguns componentes — gerais e transculturais — da representação. Dessa forma,

[31] T. Pavel, *Univers de la fiction*. Paris: Seuil, 1988, p. 186 [ed. or.: 1986].

[32] Cf. B. Larsson, "La tentation référentielle et le langage de fiction". *Perles*, Universidade de Lund, nº 13, 2002, p. 5.

identificar-se com Anna Karênina não é se imaginar como uma refinada dama russa do século XIX, mas "ver a própria vida como uma armadilha sexual e ver a si como uma vítima do dever e da paixão"[33].

Em geral, a tipicidade é reforçada pela "intensificação", no sentido que C. Elgin dá a esse termo. Efetivamente, as ficções tendem naturalmente a empurrar as coisas para o *extremo*: elas atraem nossa atenção sobre alguns traços acentuando-os. Ao intensificar a evolução da perseguição, *O processo* leva a refletir sobre a violência (dissimulada, mas bem real) das sociedades modernas. *Manon Lescaut*, ao intensificar a paixão amorosa, leva-nos a nos interrogar sobre seus mecanismos e, além disso, sobre o funcionamento psicológico do ser humano. Em outro registro, os romances de Sade intensificam a relação de assujeitamento, percebida como componente do prazer, e os relatos de Beckett, o isolamento e o fechamento, metáforas da solidão do sujeito. A intensificação pode ter como efeito o reforço da dimensão dialógica de uma obra. É o que vemos quando, em dado problema, o texto intensifica — exaspera — cada uma das posições em jogo. Esse dispositivo não apenas revela a complexidade de uma questão, mas também a parte de imaginário e de irracional que ela veicula. Pensemos nos *Irmãos Karamázov*, livro no qual diferentes posições sobre Deus são, cada uma, encarnadas por um personagem que a leva ao extremo. O objeto da intensificação é, por vezes, a própria escrita romanesca. Exibir explicitamente os códigos da ficção, como o fazem Diderot em *Jacques o fatalista*, ou Calvino em *Se um viajante numa noite de inverno*, cria, paradoxalmente, um efeito de autenticidade, porque os autores não buscam enganar o leitor acerca daquilo que estão fazendo: contar uma história. Digamos que um escritor não tem obrigatoriamente consciência do que é que ele "intensifica" em seu texto. O importante é que algumas dimensões ou propriedades sejam efetivamente acentuadas.

Um mesmo texto pode, é claro, apontar uma questão essencial, mesmo sendo, em sua época, portador de um saber inédito. É o caso de *Esperando Godot*, de Beckett.

---

[33] *La Transfiguration du banal, op. cit.*, p. 272.

INTERLÚDIO 5

HUMANO, DEMASIADO HUMANO

(Beckett, Esperando Godot)

Estrada rural, com árvore.
Entardecer.
Estragon, sentado numa pedra, tenta tirar o sapato. Esforça-se com ambas as mãos, arquejando. Para, esgotado, descansa ofegando, recomeça. Mesmos gestos.
Entra Vladimir.

ESTRAGON (*desistindo novamente*). – Nada a fazer.

VLADIMIR (*aproximando-se com pequenos passos rígidos, as pernas abertas*). – Começo a acreditar nisso. (*Imobiliza-se.*) Por muito tempo resisti a esse pensamento, dizendo a mim mesmo, Vladimir, seja razoável. Você ainda não tentou tudo. E retomava o combate. (*Recolhe-se, sonhando com o combate. A Estragon.*). Então, aqui está você de novo.

ESTRAGON. – Você acha?

VLADIMIR. – Estou contente de te rever. Achava que você tinha ido embora para sempre.

ESTRAGON. – Eu também.

VLADIMIR. – O que faremos para festejar esse reencontro? (*Reflete*) Levante para que eu o abrace. (*Estende a mão a Estragon.*)

ESTRAGON (*com irritação*). – Já-já. Já-já.

Silêncio.

VLADIMIR (*magoado, com frieza*). – Pode-se saber onde o senhor passou a noite?

ESTRAGON. – Numa fossa.

VLADIMIR (*espantado*). – Uma fossa! Onde?

ESTRAGON (*sem gesto*). – Por aí.

VLADIMIR. – E não bateram em você?

ESTRAGON. – Bateram... pouco.

VLADIMIR. – Sempre os mesmos?

ESTRAGON. – Os mesmos? Não sei.

Silêncio.

VLADIMIR. – Quando penso nisso... desde o tempo... eu me pergunto... o que teria lhe acontecido... sem mim... (*Decidido.*) Você não passaria de um montinho de ossos agora, pode crer.

ESTRAGON (*irritadíssimo*). – E daí?

VLADIMIR (*arrasado*). – É demais para um homem só. (*Pausa. Com vivacidade.*) Por outro lado, de que serve desanimar agora, é o que me digo. Era preciso pensar nisso há uma eternidade atrás, por volta de 1900.

ESTRAGON. – Chega. Me ajude a tirar essa merda.

VLADIMIR. – De mãos dadas, a gente teria se jogado embaixo da torre Eiffel, entre os primeiros. A gente se comportava lindamente então. Agora é tarde demais. Não deixariam a gente nem sequer subir. (*Estragon luta com o sapato.*) Que é que você está fazendo?

ESTRAGON. – Estou me descalçando. Isso nunca te aconteceu?

VLADIMIR. – Faz tempo que lhe digo que é preciso tirar os sapatos todos os dias. Você faria bem em me escutar.

ESTRAGON (*debilmente*). – Me ajude!

VLADIMIR. – Você está mal?

ESTRAGON. – Mal! Ele me pergunta se estou mal!

VLADIMIR (*com arroubo*). – Você não é o único que sofre! Eu não conto. Mas bem que eu queria vê-lo no meu lugar. Queria ver o que ia dizer.

ESTRAGON. – Você esteve mal?

VLADIMIR. – Mal! Ele me pergunta se estive mal!

ESTRAGON (*apontando o indicador*). – Isso não é motivo para você não se abotoar.

VLADIMIR (*agachando-se*). – É mesmo. (*Abotoa-se*). Nada de desleixo com as pequenas coisas.

ESTRAGON. – O que é que você quer que eu lhe diga? Você sempre espera o último momento.

VLADIMIR (*sonhadoramente*). – O último momento... (*Medita.*) É longo, mas vai ser bom. Quem dizia isso?

ESTRAGON. – Quer fazer o favor de me ajudar?

VLADIMIR. – Às vezes eu me digo que isso vem de qualquer jeito. Então eu me sinto muito engraçado. (*Tira o chapéu, olha dentro, passa a mão no interior, sacode, põe de novo na cabeça.*) Como dizer? Aliviado e ao mesmo tempo... (*procura*)... apavorado. (*Com ênfase.*). A-PA-VO-RA-DO. (*Tira de novo o chapéu, olha dentro dele.*). Mas que coisa! (*Bate sob o chapéu como para fazer cair alguma coisa, olha de novo dentro, põe de novo na cabeça.*) Enfim... (*Estragon, ao custo de um extremo esforço, consegue tirar o sapato. Olha dentro, passa a mão no interior, vira-o, sacode-o, procura no chão se não caiu alguma coisa, não acha nada, passa a mão de novo dentro do sapato, com o olhar vago.*) Então?

ESTRAGON. – Nada.

VLADIMIR. – Deixe ver.

ESTRAGON. – Não tem nada para ver.

VLADIMIR. – Tente calçá-lo de novo.

ESTRAGON (*depois de examinar o pé*). – Vou deixá-lo respirar um pouco.

VLADIMIR. – Eis o homem por inteiro, se atracando com seu sapato quando o culpado é seu pé. (*Tira mais uma vez o chapéu, olha dentro, passa a mão, sacode, bate embaixo, sopra dentro, põe de novo.*) Está ficando preocupante. (*Silêncio. Estragon agita o pé, remexendo os dedões para que o ar circule melhor entre eles.*) [34]

O "valor" desse texto (abertura da peça mais famosa de Beckett) está, como demonstraremos, naquilo que ele exprime de essencial e de inédito por meio de configurações formais particulares.

O essencial

Esse trecho levanta, de saída, uma série de questões fundamentais, que não estão ligadas a um contexto histórico particular (ainda que o modo como são levantadas seja tributário do momento em que o texto foi escrito). Essa abertura trata, entre outras coisas, do sentido da vida, das relações complexas entre o pensamento e a matéria, da definição do eu e da existência.

- A vida como errância

O que surpreende de imediato é a rigorosa esquematização de um cenário reduzido ao mínimo ("Estrada rural, com árvore"). Estamos num espaço do despojamento e do vago, que evoca as ideias de desolação, solidão e abandono. Essa abertura *in media res*, à beira de uma estrada, mostra a existência como uma espécie de viagem na qual se embarca sem se ter querido. Apesar do entardecer (que, no contexto de um deslocamento, evoca habitualmente a chegada ou a pausa), os dois personagens estão sempre a caminho: são, portanto, mais errantes do que viajantes. O cair da noite, momento crítico de um intermeio, acrescenta indefinição temporal à indefinição espacial.

[34] S. Beckett, En *Attendant Godot*. Paris: Minuit, 1952. Primeiro ato, p. 9-13.

Nesse cenário esquálido, as falas dos personagens são inseguras e hesitantes, como se o mundo encenado se caracterizasse em todas as suas dimensões pela inconsistência e pela dúvida. Assiste-se assim a uma dupla infração das regras da exposição: não só as informações dadas pelo texto são vagas e aproximativas, como também os personagens mesmos parecem saber muito pouco de sua própria situação. Lançados numa estrada que não escolheram, eles se perguntam o que fazem ali — e, em particular, um com o outro.

- A dualidade alma/corpo

Mediante as difíceis relações entre Vladimir e Estragon, se esboça uma reflexão sobre outra questão fundamental: a relação entre o pensamento e o corpo. Estragon, sentado, com dores nos pés, é o homem do "sapato", das preocupações "terra a terra", confrontado à sua realidade corporal e às restrições do mundo físico. Vladimir, de pé, é o homem do "chapéu", o intelectual que se move na esfera abstrata do pensamento, cujas preocupações são primeiramente filosóficas. Embora ambos estejam nas garras do sofrimento, o primeiro busca a solução embaixo e o segundo, em cima. Mal conseguindo se suportar, mas sem conseguir decidir por se separar, são tão diferentes e indissociáveis quanto o corpo e o espírito.

O diálogo de surdos que caracteriza sua conversa evidencia o descompasso entre a ordem da matéria e a do pensamento. Vladimir sistematicamente transfere para o plano intelectual as palavras que Estragon utiliza para falar de sua relação conflituosa com o mundo material. Atesta-o o "nada a fazer" inaugural, que para Vladimir designa o combate contra a angústia metafísica, enquanto Estragon apontava para o conflito mais modesto que o opõe a seu sapato. O mesmo vale para o termo "mal", que evoca para Estragon a dor física (os pés inchados) e para Vladimir, o sofrimento moral (a fadiga de viver). O "último momento" também se deixa entender de duas maneiras: pode remeter tanto aos problemas urinários de Vladimir (que, para se aliviar, não abotoa a calça) quanto ao remorso de não ter se suicidado quando era a ocasião adequada (isto é, na juventude).

Beckett nos dá aqui sua versão (pessimista) do dualismo cartesiano. Se, como estabelecera Descartes, o eu autêntico é a consciência e não o corpo[35], o infortúnio quer que essa consciência esteja encarnada naquilo que lhe é o mais

[35] Como se depreende das *Meditações metafísicas*, posso imaginar que não tenho corpo, mas não posso imaginar que não penso (pois imaginar já é pensar). Quanto a isso, consulte-se as análises de J. Onimus: *Beckett*. Paris: Desclée de Brouwer, 1967.

estranho. Desse ponto de vista, se a não coincidência entre o sapato (estreito demais) e o pé (que se vê aprisionado nele) remete, de modo geral, às relações sempre difíceis entre continente e conteúdo (forma e fundo, palavras e coisas, linguagem e pensamento), ela designa, mais particularmente, o descompasso entre o corpo e o espírito. Conforme diz Vladimir num comentário filosófico que toma Estragon como representante da humanidade: "Eis o homem por inteiro, se atracando com seu sapato quando o culpado é seu pé".

A disputa verbal à qual se entregam os dois compadres atesta, portanto, o trágico da existência. Ou se considera o homem como uma realidade corporal, e a consciência é um excesso, suscitando inutilmente uma série de questões dolorosas, ou se considera o homem como um ser de pensamento, e o corpo (essa mecânica frágil que não funciona muito bem) é uma desvantagem: ele nos obriga a decair no mundo material. Em outros termos, a questão colocada por Beckett é a seguinte: o homem é um pensamento degradado por um corpo ou um corpo mal amanhado por uma consciência? Seja como for, é uma criatura que não funciona[36]. Compreende-se, em tais condições, que a existência seja sinônimo de sofrimento.

- A existência como sofrimento

Se Estragon existe antes de tudo como corpo, é de um corpo sofredor que se trata, sem a menor ambiguidade. As didascálias iniciais, que o apresentam às turras com seu sapato, têm uma dupla função: mostrar que o personagem existe pelo gesto antes de existir pela fala; designar essa restrição como fonte de dor.

Quanto à consciência, ela busca logicamente extrair-se desse universo hostil e vazio de sentido, no qual ela tem dificuldades em encontrar seu lugar. Aferrado a seu eu pensante, Vladimir se analisa, medita, se questiona — mas sem conseguir acalmar sua angústia: a especulação intelectual, longe de levar ao repouso, deságua no inferno da reflexão. Se esse sofrimento fizesse sentido, ele decerto seria mais facilmente suportável. Mas não existe luz nem no além nem cá embaixo: o "nada a ver" do final responde ao "nada a fazer" do início.

Nessas condições, o que esperar da existência? Duas ideias, que dão o tom do trecho, emergem do gestual inicial de Estragon: a repetição ("tenta", "recomeça", "mesmos gestos", "de novo") e o fracasso ("para", "repousa", "desis-

[36] Ver D. Gauer, "Systèmes: forme et informe chez Beckett", Biblioteca Angellier, Universidade de Lille 3, artigo disponível em <http://angellier.biblio.univ-lille3.fr/ressources/article_gauer_keckettlang.html>.

tindo"). À margem da peça, Estragon, espécie de Sísifo ridículo (observe-se a discreta menção à "pedra"), atesta a impossibilidade de ter êxito e a inutilidade de todo empreendimento. De modo mais geral, os dois temas do fracasso e da repetição impregnam o conjunto do trecho: os personagens se "reveem" e se "reencontram" após uma noite difícil que cada um passou; Vladimir, que não teve êxito em suicidar-se na juventude, não consegue nem desistir completamente nem manter sua calça abotoada.

A falta de saber dos personagens pode ter duas explicações: ou a razão dos acontecimentos lhes é oculta, ou não existe. Mas quer eles evoluam num universo do segredo ou num universo do absurdo, trata-se, de qualquer maneira, de um universo angustiante posto sob o signo da violência.

Nesse mundo de brutalidade (Estragon é surrado repetidamente) e de trevas (a peça se passa ao anoitecer), a questão do suicídio emerge naturalmente. A morte, desdramatizada, é evocada com desenvoltura: Vladimir imagina Estragon como um "montinho de ossos" e sonha com um mergulho romântico do alto da torre Eiffel. Diante do sofrimento da existência, o suicídio é uma solução postulável tanto quanto a espera messiânica (a de Godot). Se a árvore é a única referência desse cenário despojado, talvez seja porque ela encarna essas duas saídas possíveis para a dor de viver: a espera de um salvador providencial (a verticalidade figura a transcendência); o suicídio (os galhos permitem que a pessoa se enforque).

Sem dúvida não é por acaso que essas questões essenciais (a dualidade alma/corpo, o sentido da vida, o valor da existência) são levantadas por meio da figura emblemática do vagabundo. A carência de posses que caracteriza o vagabundo sem trabalho e sem teto permite pôr a ênfase no ser. Não podendo existir pelo que *têm*, Vladimir e Estragon aparecem pelo que *são*: eles remetem a uma humanidade decantada, reduzida à sua expressão mais simples. Essa humanidade "algébrica", como o texto demonstra, é feita de dor, de ignorância, de miséria. Condenada a sofrer sem saber por quê, ela não pode se apegar a nada mais do que à palavra. O aborrecido é que a linguagem também levanta problemas.

O inédito: a linguagem como remédio e fatalidade

O texto não se contenta com levantar questões existenciais fundamentais. Ele expressa, sobre a questão particular da linguagem, um ponto de vista original. Se a denúncia do caráter arbitrário e alienante da língua está longe de ser nova, a singularidade de Beckett está em mostrar que, não obstante suas deficiências, senão através delas, as palavras permanecem, apesar de tudo, como o último bastião que nos separa do nada. Mesmo quando não podemos dizer nada, não podemos nos calar.

Vladimir e Estragon, embora se compreendendo mal, parecem de fato temer o silêncio. Se o diálogo é difícil e tende constantemente à interrupção, Vladimir sempre faz o esforço da retomada. É imperioso falar, não para comunicar, mas para ser. Por isso o trecho se assemelha menos a um diálogo do que a uma justaposição de vozes: cada personagem segue o fio de seu pensamento sem realmente se preocupar com o que o outro diz. Em diversos momentos (acerca do suicídio, do alívio), as falas de Vladimir se apresentam como um quase monólogo. Em Beckett, o diálogo tem, antes de tudo, função ontológica: ele gera o sentimento de existir.

Infelizmente, essa linguagem necessária ao sujeito (a consciência só existe através do pensamento e o pensamento só existe através das palavras) é um instrumento gasto, senão caduco. Essas palavras que não podemos descartar são, de fato, as de todo mundo: é com a linguagem dos outros que cada um deve tentar existir por conta própria. As falas de Vladimir e de Estragon transbordam de clichês e de fórmulas feitas: "seja razoável", "você ainda não tentou tudo", "eu retomava o combate", "quando penso nisso", "sem erro", "é demais para um só homem", "faz tempo que eu lhe digo", "nada de desleixo com as pequenas coisas", "você sempre espera o último momento", "não tem nada a ver" etc. Quando o eu se escuta, ele só ouve um discurso estranho, uma fala anônima na qual se dilui. Nessas condições, a expressão autêntica é simplesmente impossível. O quiproquó sobre o referente de "nada a fazer", a incerteza sobre o sentido dos termos "mal" e "aliviar", a frequência dos silêncios atestam isso à farta. Como é que a língua, marcada pelo artifício e pela generalidade, poderia dizer o íntimo? É precisamente pela questão da linguagem que se manifesta do modo mais claro o trágico da condição humana.

O valor de um texto, portanto, deve ser buscado naquilo que ele exprime. No entanto, é real o risco de que, com o tempo, a percepção do sentido se torne cada vez mais difícil: se a força da obra está em nos pôr em contato com um saber não conceitualizado, ela só pode fazer isso em relação com os hábitos mentais de uma época. É aqui que aparece o papel imprescindível dos estudos literários. Eles têm por finalidade transpor um duplo desafio: identificar conteúdos expressos de maneira indireta ou oblíqua; trazer as informações (estéticas, culturais, históricas) que permitem devolver a uma metáfora morta o poder de uma metáfora viva.

ENSINAR LITERATURA

É preciso ensinar literatura? A pergunta pode parecer brutal. Mesmo assim, merece ser feita. Diante de currículos de ensino sobrecarregados, é legítimo reservar tempo ao estudo de textos de natureza incerta e cuja função não está clara?

Prazer estético e ensino

À primeira vista, seria lógico pensar que os estudos literários devem se concentrar sobre aquilo que constitui a especificidade da literatura: a dimensão estética dos textos. Nessa hipótese, o papel do professor seria formar o gosto, ensinar a apreciar o que faz a "beleza" das obras literárias.

Mas um objetivo desses é realizável? Mesmo que se possa conceber um plano intersubjetivo, o impacto estético da forma segue, como vimos, vinculado à história. Ter como eixo do ensino de literatura o prazer estético comporta um duplo risco: afastar-se de uma obra interessante pelo fato de sua sedução se ter atenuado; fazer estudar um texto perfeitamente banal pelo mero motivo de ele agradar por razões conjunturais (essa é a própria definição da demagogia).

Ensinar normativamente o prazer estético é não apenas impossível (e, por sinal, eticamente discutível), como também inútil. O sentimento do belo pode ser produzido a todo momento, diante de qualquer objeto (um tecido colorido, uma silhueta graciosa, uma paisagem luminosa etc.): para experienciá-lo ninguém tem necessidade da mediação de um ensino. Por outro lado, podemos pensar — enquanto formadores ou professores — que não é indiferente orientar o gosto para um e não para outro objeto. Mas se a relação estética tem como única função nos pôr em contato com uma realidade cujo valor lhe é exterior, de toda maneira, ela não tem mais interesse em si mesma[1].

Dizer que não há necessidade de ensinar o sentimento do belo não significa negar-lhe qualquer valor. Trata-se simplesmente de distinguir o quadro individual da relação estética (que pode, evidentemente, ter como exclusiva finalidade o prazer pessoal) e o quadro institucional (no qual a relação com a obra deve desembocar em um resultado útil para a coletividade).

Não se deve, portanto, confundir a pergunta "por que ler as obras literárias?" com a pergunta "por que fazê-las serem estudadas?". A distinção é tanto mais necessária quando, por vezes, vemos contradição entre a intenção da relação estética (o prazer pode se fundar em um entendimento árduo que permite a deriva da imaginação) e a intenção do ensino (que ao se empenhar em fazer surgirem saberes, deve evitar toda aproximação).

Aqui nos afastaremos de Schaeffer, quando ele explica que, para cumprir eventuais funções *transcendentes* (disponibilizar um saber, afinar a percepção do mundo, propor modelos de comportamento etc.), a ficção deve imperativamente começar por cumprir sua função *imanente*: provocar a imersão mimética no universo ficcional[2]. Para o autor de *Pourquoi la fiction?*, um texto ficcional só produz efeitos se for lido, e ele

[1] Por isso, o prazer não está ausente do ensino: a satisfação de ter identificado (uma parte) da riqueza hermenêutica da obra pode vir *in fine* ocupar o espaço vazio.

[2] Cf. *Pourquoi la fiction?*, *op. cit.*, p. 327-335. Schaeffer afirmava, porém, em *Les Célibataires de l'art*, *op. cit.*, p. 200: "[...] uma obra de arte pode perfeitamente cumprir qualquer uma de suas outras funções sem dar lugar a uma apreensão estética".

só é lido se gerar um grau suficiente de satisfação[3]. Mas tal raciocínio só é válido quando da primeira edição do texto[4]. Uma grande obra é justamente aquela que se mantém capaz de desempenhar importantes funções transcendentes, apesar das disfunções de sua função imanente. Os textos do patrimônio não são aqueles cujo interesse sobrevive à inevitável fadiga — devida a razões culturais — de sua sedução estética? Com o tempo, é a função transcendente das obras que importa, não sua função imanente (que se torna acessória, visto que sua função transcendente basta para lhe conferir valor).

No quadro do ensino, temos todo o direito de dispensar o critério de satisfação, fazendo valer que as obras literárias não existem unicamente como realidades estéticas. Elas são também objetos de linguagem que — *pelo fato de exprimirem uma cultura, um pensamento e uma relação com o mundo* — merecem que nos interessemos por elas. Se a dimensão estética tiver sido levada em conta, não terá sido por si mesma, mas por aquilo que ela significa e representa[5].

O objetivo do professor não apenas não é o do esteta, como também se distingue do objetivo do teórico. Entender o que é a arte como prática humana (empreendimento cognitivo) e decidir que obras de arte representam um interesse (empreendimento avaliatório) são dois processos independentes. Ao se perguntar a que corresponde o fato de arte, o teórico tem boas razões para levar em conta desenhos de crianças ou os arremedos de quadros dos pintores de fim de semana: essas produções, seja qual for seu valor, derivam da arte enquanto prática antropológica[6]. Mas o projeto do professor é completamente diferente.

---

[3] Nessa perspectiva, o interesse da forma seria inicialmente instrumental: ele não decorreria daquilo que ela exprime, mas resultaria do fato de que ela facilita o contato com a obra.

[4] Ver *supra*, p. 45-47.

[5] Para que as coisas fiquem bem claras, não discordo, de modo algum, que alguém possa ligar o valor de uma obra de arte a sua dimensão estética. Mas a dimensão estética é sempre relativa (além de ser sempre subjetiva). Em contrapartida, a originalidade e a riqueza dos saberes expressos pela obra de arte são dados objetivos cujo valor transcultural podemos mostrar.

[6] "Concebida em uma perspectiva analítica, a tarefa da reflexão estética é identificar e entender os fatos estéticos, e não propor um ideal estético ou critérios de juízo", J.-M. Schaeffer, *Adieu à l'esthétique, op. cit.*, p. 7.

Ele não se pergunta "o que é uma obra de arte?", mas "quais aspectos da obra de arte merecem ser considerados no currículo de ensino?". A resposta a esta segunda pergunta é função dos objetivos visados, que dependem, eles mesmos, da especificidade dos públicos. A título de analogia, podemos reconhecer (no plano teórico) a importância da "pulsão de morte" no funcionamento do inconsciente sem deduzir (no planto prático) que o propósito do ensino seja ensinar a desenvolvê-la.

Os objetivos

A especificidade da obra literária enquanto objeto cultural decorre não apenas da natureza dos conteúdos que ela exprime (ver o capítulo anterior), mas também da maneira como ela os comunica. Para retomar os termos de Schaeffer, os modelos comportamentais veiculados pela literatura geralmente são

> interiorizados por imersão e (eventualmente) reativados de maneira associativa — enquanto a reflexão analítica vai dar em saberes abstratos, cuja aplicação eventual necessita da passagem por um cálculo racional guiado por regras explícitas[7].

A interiorização por imersão (se nos situarmos apenas no ponto de vista cognitivo) apresenta, ao mesmo tempo, uma vantagem e um inconveniente. A vantagem é que a informação transmitida pela literatura tem uma força de impacto que o discurso racional não pode ter: ela é "sentida" antes de ser entendida, portanto, sem ser compreendida. O inconveniente é que a informação em questão é assimilada de modo não consciente. Ela é "gravada" passivamente. Como a vocação do ensino é ensinar a dominar os saberes, os estudos literários têm como propósito conceitualizar aquilo que, na relação estética, é (no melhor dos casos) interiorizado por imersão. Se especifico "no melhor dos casos", é porque existem várias obras nas quais é difícil imergir. Por isso o professor não pode se limitar ao trabalho de interpretação: ele preci-

---

7 J.-M. Schaeffer, *Pourquoi la fiction, op. cit.*, p. 47.

sa começar tornando acessíveis (fornecendo todas as informações necessárias sobre elas) as obras cuja linguagem se tornou opaca para nós.

O desafio dos estudos literários é, portanto, identificar — nos planos cultural e antropológico — o que é que a obra exprime sobre o humano, assinalando o que era esperado na época, inédito à época e novo ainda hoje. Se é verdade que, em ficção, a estrutura "permanece encaixada no exemplo"[8], convém esclarecer que o exemplo em questão pode instanciar várias estruturas de naturezas muito diversas. A obra se apresenta como a atualização empírica não de uma estrutura única, mas de esquemas gerais e diversos que o propósito do ensino vem justamente trazer à luz. Não existe nada de inefável em uma obra literária, apenas conteúdos à espera de identificação.

Para resumir, o (simples) leitor percebe certo número de *informações* veiculadas pelo texto; o comentador identifica ou constrói *saberes* a partir dessas informações; o professor transforma esses saberes em *conhecimentos*. Um *saber* não se torna efetivamente *conhecimento,* a não ser que seja objeto de uma reapropriação pessoal que passa pela tomada de consciência.

Temos em *Fim de partida,* de Beckett, uma frase que resume perfeitamente o movimento da peça: "Cada coisa segue seu curso". Esta frase me toca intimamente, sem que eu possa explicar espontaneamente por quê. Se refletir um pouco, digo a mim mesmo que é porque ela exprime um dado universal de nossa condição: a impossibilidade de deter o fluxo do tempo que nos conduz rumo à morte. Essa explicação não é falsa, mas é insuficiente. A crítica beckettiniana me permite construir um saber mais preciso e mais interessante: o enunciado exprime a visão schoppenhaueriana da existência impulsionada por um querer-viver absurdo e cego. *O mundo como vontade e representação* — que foi, durante toda a sua vida, uma das obras de referência para Beckett — afirma, com efeito, que a única "realidade" desse mundo é uma "vontade" imutável e eterna, um princípio vital, que está na base

[8] *Ibidem,* p. 215.

de todos os fenômenos e que nos impulsiona a perseverar em nosso ser, em nos apegar à vida, a despeito de sua ausência de significação e dos sofrimentos que ela nos inflige. Não apenas a peça de Beckett é a perfeita tradução dessa filosofia (os personagens vagam entre a dor e o tédio sem poder se resignar em morrer), como a frase que nos interessa exprime muito exatamente o caráter frio e mecânico do "querer-viver" impessoal que perpassa cada um de nós. Entre os conteúdos veiculados pela peça de Beckett, há então uma abordagem pessimista da existência, inspirada em Schoppenhauer.

Antes de examinar os meios a pôr em ação para identificar o sentido de um texto, concentremo-nos em um exemplo.

INTERLÚDIO 6

ESTRELA E CARNE

(Rimbaud, "L'étoile a pleuré rose...")

Debrucemo-nos sobre este quarteto celebérrimo de Rimbaud, que nos chegou sem título:

L'étoile a pleuré rose au cœur de tes oreilles,
L'infini roulé blanc de ta nuque à tes reins,
La mer a perlé rousse à tes mammes vermeilles
Et l'Homme saigné noir à ton flanc souverain[9].

[A estrela chorou rosa no coração de tuas orelhas,
O infinito rolou branco de tua nuca a teus quadris,
O mar perolou ruivo em tuas mamas vermelhas
E o Homem sangrou preto em teu flanco soberano.] [10]

Podemos muito bem ler esse texto pelo simples prazer estético, deixando--nos levar pelo ritmo e pelo jogo das imagens. Aliás, é assim mesmo que deve-

[9] Arthur Rimbaud, "L'étoile a pleuré rose...", *Poésies*. Paris: Gallimard, 1984, p. 79.

[10] Tradução literal, para que o leitor possa acompanhar a análise que se segue (N. T.).

mos lê-lo: *enquanto poema*. Esse quarteto de fato foi escrito para suscitar o devaneio, as associações pessoais, a emoção e o prazer visual e sonoro. Que ele consiga sempre fazer isso já é outra questão; mas podemos postular que esse é seu objetivo e que, dada a notoriedade do texto, ele o tem atingido frequentemente.

O problema está em saber se, no quadro do ensino, podemos nos contentar em deixar cada estudante se reapropriar desse curto texto de maneira pessoal e espontânea. Me parece que a resposta só pode ser negativa: quem precisa de ensino para se deixar levar pelo prazer do devaneio? Será útil que me expliquem o que quer que seja para que eu considere belo (ou não) esse poema? E mesmo quando alguém conseguir me convencer de que é belo, será necessário remunerar a pessoa por isso?

Digamos sem rodeios: os estudos literários só podem ter legitimidade se resultarem em algo útil para a sociedade. Portanto, não basta "provar" (supondo-se que seja possível) que esse poema é belo: é preciso mostrar que ele enriquece nossa compreensão do mundo, esclarecendo-nos sobre o que somos e sobre a realidade em que vivemos.

Quais são, pois, os saberes que podemos extrair desse texto?

A mulher cósmica

Para se ter uma ideia dos conteúdos veiculados, é preciso resolver uma série de problemas sintáticos e semânticos.

Observe-se inicialmente a perfeita simetria da construção: quatro orações, correspondendo cada uma a um verso, formam um período único. Cada uma dessas orações é composta num mesmo modelo: sujeito, verbo, adjetivo de cor, adjunto adverbial de lugar. Os três primeiros versos parecem vincular-se à celebração, enquanto o quarto, separado dos outros pelo "Et", tem uma tonalidade bem mais sombria.

O primeiro problema tem a ver com o valor do adjetivo de cor colocado em cada verso no hemistíquio: temos de considerá-lo como um epíteto destacado ou apreendê-lo como um predicativo (caso no qual a cor designaria o resultado de um processo)? Se a segunda hipótese é a mais provável, é porque as cores remetem semanticamente às partes do corpo feminino (é a orelha que é rosa, o dorso que é branco e os mamilos que são ruivos). A "coloração" evoca, portanto, uma troca entre os elementos cósmicos (estrela, infinito, mar) e uma figura feminina cujas partes do corpo (orelhas, nuca, quadril, mamas, flanco) são declinadas à maneira de um brasão.

Antes de identificar essa figura, indaguemo-nos sobre a natureza da troca. A questão levantada é a do sentido da preposição "*à*" que, sob vários aspectos, é a chave do poema. Trata-se de um *à* de direção ("*il va* à *la campagne*"; "ele vai *ao* campo") ou de posição ("*il est à la maison*"; ele está em casa)? A maioria dos críticos a consideram como um *à* de direção (e, portanto, de predicação). Tal leitura leva a ler o poema como a celebração de uma figura feminina surgida do universo (cada elemento cósmico colorindo — moldando — uma parte de seu corpo). Como essa figura é eroticamente conotada, é tentador identificá-la a Vênus, deusa do amor e da beleza, nascida da espuma das ondas. Essa interpretação, que aliás esclarece o primeiro verso ("Vênus" é também o nome de uma estrela[11]), parece respaldada por uma possível relação intertextual — observada por P. Brunel — com *La Naissance de Vénus* ("O nascimento de Vênus") de Sully Proudhomme[12].

Mas há outra leitura possível, baseada na ideia de que o "*à*" não significa "na direção", mas "no interior de". É até mesmo possível que esse *à* designe uma relação de origem, de extração, e não de predicação ou de destinação. O verso 3 parece sustentar essa leitura: o leite perola *do* seio e não *em direção ao* seio. De igual modo, é dentro da (a partir da) orelha que a estrela começou a chorar, e é da nuca aos quadris (a partir do dorso) que o infinito se pôs a rolar, ou até a se desenrolar. A ideia de que *à* designa a origem não sofre mais nenhuma dúvida se nos reportarmos ao verso 4. Conforme toda uma imagética mitológica bem ancorada na tradição, o flanco é fonte de vida. Aliás, seria absurdo considerar que o Homem (a exemplo dos elementos cósmicos) moldou Vênus. Ora, é precisamente a isso que conduz a hipótese de um *à* de predicação.

Que o *tu* seja a fonte e não o resultado da metamorfose — leitura que parece impor-se — é fundamental para a interpretação do poema: não foi a mulher

---

[11] Na verdade, Vênus é o nome de um planeta que tem sido identificado, ao longo dos séculos, como a "estrela da manhã" ou "estrela d'alva", chamada Vésper, Héspero, Fósforo, Eósforo, Lúcifer etc. (N. T.).

[12] Ali se encontra a ideia de que o mar oferece seus atributos a Vênus. Cf. P. Brunel, Rimbaud parodiste: Albert Glatigny et Sully Proudhomme. *Parade sauvage*, Colloque nº 4, 2004.

que nasceu do universo, mas o universo é que saiu da mulher. As estrelas escorreram de suas orelhas, o infinito se desenrolou a partir da matriz de seu dorso, o mar perolou de seus seios e o Homem surgiu de suas entranhas sangrando. A dimensão materna dessa figura, por outro lado, é enfatizada pela menção às "mamas" (que aleitam) e do "flanco" (que dá à luz).

Uma primeira leitura simplesmente lógica mostra, portanto, que o poema é uma celebração dirigida a uma figura ao mesmo tempo maternal e sensual, que parece ser a matriz do universo (estrela, infinito, mar) e origem de todas as coisas. O processo de geração se revela harmonioso até o último verso, em que se produz uma mudança de foco: a aparição do Homem se apresenta como um evento sombrio ligado à morte e ao sofrimento, ao mesmo tempo conclusão e negação do processo de criação. Observe-se que as quatro cores (rosa, branco, ruivo, preto) são as das diferentes etapas do dia (aurora, dia, ocaso, noite): elas evocam um ciclo cuja conotação global é negativa — do nascer do sol (sinônimo de esperança) à chegada das trevas.

De Vênus a Cibele

"Homem", portanto, parece remeter a "ser humano" e não a "indivíduo do sexo masculino". Mas é legítimo hesitar, dada a evidência da isotopia sexual que estrutura o poema. O texto não somente rende homenagem às partes eróticas do corpo feminino como também podemos ler o último verso como uma metáfora da união carnal. O motivo da "ferida no flanco", recorde-se, é uma imagem explícita do ato sexual em Baudelaire[13]. O Homem poderia, assim, designar também o ser masculino enquanto tal por oposição à Mulher, sedutora e voluptuosa.

Mas talvez não seja necessário decidir. O que leva a pensar assim (além dos dados objetivos do poema) é que essa celebração de uma figura mítica simultaneamente erótica e materna (ligada, portanto, a uma sexualidade sublimada) não é inédita em Rimbaud. Recorde-se que o autor de "Sensation" compara a "Natureza" a uma mulher que o torna "feliz"[14]. Sobretudo, porém, o poema "Soleil e chair" ("Sol e carne") evoca, num mesmo movimento, a "Grande mãe

---

13 "Para fazer em teu flanco espantado/Uma ferida larga e oca" (Baudelaire, À celle qui est trop gaie, *in: Les Fleurs du Mal*. Paris: Le Livre de Poche, 1972, p. 59).

14 Rimbaud, Sensation, *in: Poésies, op. cit.*, p. 13.

dos deuses e dos homens, Cibele" e uma "Divina mãe, Afrodite marinha"[15]. A aproximação das duas figuras se impõe, aliás, naturalmente: é o amor como *força de vida* que cria o elo entre a sensualidade e a fecundidade.

São particularmente notáveis os pontos comuns entre essa Cibele/Vênus — que, no fim das contas, não passa de uma alegoria da Natureza — e a destinatária do nosso poema. Além da interpelação admirativa a uma figura que insufla a vida no universo, estão presentes nos dois textos o motivo do seio nutridor e o vínculo com o mar. Enfim, a estrofe seguinte parece iluminar o último verso do nosso quarteto:

> [...] Oh! a rota é amarga
> Desde que o outro Deus nos ata à sua cruz;
> Carne, Mármore, Flor, Vênus, é em ti que creio!
> Sim, o Homem é triste e feio, triste sob o céu vasto [...][16]

Se o Homem é "triste e feio", rompendo assim a harmonia cósmica, é porque ele escolheu "o outro Deus" (o dos cristãos) *contra* a Natureza. Por isso, decerto, é que seu sangue, no nosso quarteto, é uma sujeira sobre o flanco da Terra-Mãe. Observe-se que encontramos essa mesma evocação de uma figura soberana, mas ferida, no poema que o colegial Rimbaud escreveu em latim sobre Jugurta[17]:

> Em seu flanco soberano, vi a chaga profunda!...
> A sede sagrada do ouro escorria, veneno imundo,
> Difundido em seu sangue, em seu corpo todo coberto
> De armas! E uma puta reinava sobre o Universo!

A "sede do ouro", vício humano, transformou a Roma universal em "puta" vulgar. Significativamente, encontramos nos dois textos a imagem do flanco ensanguentado e do sangue corrompido.

"L'étoile a pleuré rose" é, portanto, mais do que uma celebração da Natureza genitora; é uma reflexão sobre a relação do Homem com o mundo natural e sobre o lugar dele na Criação. Essa meditação passa por um diálogo com os textos antigos, dois dos quais se impõem forçosamente: a *Teogonia* de Hesíodo e o *De rerum natura* de Lucrécio.

---

15 *Ibid.*, p. 23-29.

16 *Ibid.*, p. 25.

17 Jugurta (160 a.C. - 104 a.C.) foi um rei da Numídia (região do norte da África equivalente às faixas litorâneas atuais da Tunísia, da Argélia e do Marrocos) que se opôs à conquista romana (N. T).

Dor da criação

Hesíodo, antes de Rimbaud, canta o nascimento do mundo. Tal como em nosso quarteto, é a Terra — Gaia — que emerge, antes de tudo, do caos e dá origem aos elementos. Logicamente, ela é apresentada como uma figura materna de "peito amplo"[18]. Hesíodo nos diz que ela "primeiro pariu Urano coroado de estrelas". É difícil não traçar o elo com o primeiro verso ("A estrela chorou rosa no coração de tuas orelhas"). Mas a Terra não se contenta em gerar o Céu: "[ela] o tornou seu igual em grandeza, a fim de que a cobrisse por inteiro". Em outras palavras, o Céu ("o infinito") "rolou branco" da "nuca" aos "quadris" de Gaia. Em seguida, a Terra "gerou Ponto, o mar estéril de ondas fervilhantes". Não é o que nos diz o verso 3 ("O mar perolou ruivo em tuas mamas vermelhas")? O poema de Hesíodo também permite esclarecer o último verso: "E o Homem sangrou preto em teu flanco soberano". Com efeito, da união de Gaia e de Urano nasce uma série de seres monstruosos que Urano abomina. Assim, "à medida que nasciam, em lugar de deixar-lhes a luz do dia, Urano os escondia nos flancos da Terra e se regozijava dessa ação desnaturada. A Terra imensa gemia, profundamente entristecida [...]". O "flanco soberano" da Terra se torna, pois, o objeto de uma ação contra-natureza geradora de sofrimento. A imagem do "sangue preto" remete talvez, também, à vingança de Saturno, que cuidou de castigar esse pai indigno, castrando-o. Segundo a *Teogonia*, as "gotas de sangue", brotadas do membro viril, fecundaram a Terra: delas saíram as Fúrias, os Gigantes e as Ninfas melíades. Quanto a Afrodite, nasceu dos fragmentos do sexo de Urano lançados ao mar.

O projeto da *Teogonia* é mostrar como da confusão originária (o caos primordial) aparecem progressivamente as distinções e as divisões, que vão fazer surgir os deuses e, depois, os homens. Esse relato das origens, entretanto, tem um lado muito sombrio: a emergência progressiva da humanidade se faz contra o fundo de feridas, de sofrimentos e de mutilações. Como se o nascimento do Homem tivesse como inevitável contrapartida o fim da harmonia cósmica. Esse pessimismo aparece desde o início do texto. A Terra gera o mundo porque coexiste com Eros: o amor (ou o desejo) permite que os elementos se unam numa dinâmica criadora. Mas quando evoca Eros, Hesíodo insiste mais em seu poder coercitivo do que na energia vital que o constitui: sem dúvida, ele é "o mais belo dos deuses", mas "amolece as almas e, apoderando-se do coração de todas as

[18] Cf. Hesíodo, *La Théogonie*. Trad.: M. A Bignan, <http://remade.org/bloodwolf/poetes/falc/hesiode/theogonie.htm>.

divindades e de todos os homens, triunfa sobre a vontade sensata deles". Que a força na origem da vida seja também um poder de alienação não é coisa de bom agouro. É possível pensar que essa ambivalência se encontra no poema de Rimbaud: a Natureza parece, inicialmente, celebrada como figura do amor e da beleza antes de ser estigmatizada pelas forças obscuras que ela mesma gerou.

A Natureza corrompida

O outro autor implicitamente convocado é Lucrécio. Rimbaud conhecia muito bem o *De rerum natura*: estudante em Charleville, traduziu em 1869 o "Hino a Vênus" que abre o longo poema. É interessante observar que Lucrécio apresenta a deusa do amor como uma figura genitora, na origem de toda forma de vida: "Ó Mãe de Eneias e de sua raça, [...] Por ti é que todas as espécies vivas são concebidas"[19]. Vênus parece confundir-se assim com a Natureza, como em "Soleil et chair" e em nosso quarteto: "Assim tu governas sozinha a natureza e [...] sem ti nada aborda as margens divinas da luz, nada se produz de suave e de amável". Vênus é, portanto, uma figura positiva em Lucrécio: o poeta a invoca porque, potência criadora, ela pode ajudá-lo a escrever ("chamo-te em meu auxílio para o trabalho deste poema"). De igual modo, o quarteto de Rimbaud não seria também uma meditação sobre a criação poética?

Mas o diálogo entre Rimbaud e Lucrécio vai muito além dessa comum invocação de Vênus. O autor de *De rerum natura* estigmatiza a religião e seu "olhar horrendo". Epicuriano, Lucrécio está convencido de que a compreensão das leis naturais libertará o homem das crenças irracionais, que constituem entraves ao acesso à serenidade. Essa oposição se acha no âmago do nosso quarteto: os três primeiros versos cantam uma natureza carnal e sedutora; o último verso nos remete a uma visão do homem sofredor, que se enraíza numa imagética cristã (a ferida no flanco lembra a do Cristo na cruz). Se aceitarmos o paralelo com *De rerum natura*, a Vênus de Rimbaud, então, deve ser considerada menos como uma divindade pagã que poderíamos opor ao Deus dos cristãos do que como a encarnação da natureza matricial que se basta a si mesma e torna inútil toda referência a um poder divino superior. Contra o cristianismo, religião da culpa que

---

19 Lucrécio, *De natura rerum*, Trad. H. Clouard, <http://www.mediterranees.net/histoire_romaine/empereurs_1siecle/auguste/lucrece.html>.

reprime o prazer carnal, o poeta apela à força instintiva do amor e do desejo. Única lei da natureza, Eros une o conjunto das coisas vivas numa comunidade feliz.

Se, para o poeta latino, o conhecimento das leis naturais pode nos permitir recuperar a harmonia, a visão rimbaudiana parece mais pessimista e desenganada. Aos olhos do autor de "Soleil et chair", a ciência não tem os meios de cumular nossa necessidade de absoluto; ela é incapaz de responder aos grandes mistérios do mundo. "L'étoile a pleuré rose" é ainda mais desesperado: é como se, ao se desviar da natureza, o Homem tivesse rompido definitivamente o equilíbrio cósmico.

Independentemente do efeito estético que pode (ou não) produzir, esse poema condensa certo número de informações que podemos constituir em saberes. Pouco importa se os conteúdos veiculados tenham ou não sido conscientes no momento da escrita do poema: o essencial é que estejam efetivamente presentes no texto e que possamos identificá-los. A riqueza, a diversidade e a originalidade do sentido expresso é que fundam o interesse artístico do poema. Apresentando-se como uma cosmogonia, ele exprime uma visão do universo e do lugar que nele ocupa o Homem. Mas a celebração de Vênus/Cibele também é um discurso sobre a mulher. A combinação dos atributos eróticos e maternos faz dela uma figura ao mesmo tempo carnal e intocável: por trás da Sedutora, a Mãe. Se o parto se faz na dor (a estrela chora), é porque a sexualidade é vivida como um atentado, do qual o próprio homem sai subjugado (o "veneno" baudelairiano se degradou em "sangue preto"). A harmonia entre os sexos não parece menos utópica do que o encontro do Homem com a Natureza.

Os meios

Se o propósito da análise literária é a identificação dos conteúdos, resta saber como proceder. Existem protocolos mais eficazes que outros?

Depreender o sentido (a investigação arqueológica)

Entre os saberes veiculados por um texto, é claro que se tem aqueles que se inscrevem no universo cultural do autor e de seus contemporâneos. Mesmo que tantos textos *ainda* nos falem, não podemos esquecer que eles se dirigiam *em primeira instância* aos leitores de seu tempo. Portanto, há toda a lógica em nos interrogar sobre a maneira com que a obra era entendida enquanto seu autor vivia. Para F. Rastier, essa "leitura descritiva" (que aborda um texto a partir do conhecimento de seus primeiros leitores) deve ser o passo prévio para "leituras produtivas" (que reinvestem o texto em função dos contextos de recepção)[20]. Mesmo que os conteúdos originais não sejam necessariamente os mais interessantes, importa conhecê-los para mensurar o valor e a pertinência das interpretações posteriores.

Contudo, não é infrequente que o sentido inicial (que pode ser perfeitamente plurívoco) tenha se opacificado com o tempo. Como o nota Hegel, é muito difícil — talvez impossível — imergir em um universo cultural que não seja o nosso. Só podemos apreendê-lo desde o exterior:

> Sob todos esses aspectos, a arte é e permanece sendo, do ponto de vista de sua mais alta destinação, algo do passado. Ela também perdeu para nós sua verdade e sua vitalidade autênticas e foi relegada a nossa *representação* [...]. A *ciência* da arte é, então, em nossa época uma necessidade mais forte do que nos tempos em que a arte tinha o privilégio de satisfazer plenamente por si mesma[21].

O primeiro papel do ensino é, então, munir o leitor da informação necessária para que as obras voltem a lhe falar. Como fazer ideia do que *A canção de Rolland* representava sem um mínimo de conhecimento da sociedade feudal? Como atualizar os implícitos de um texto de Tolstói sem conhecer nada da Rússia na segunda metade do século XIX? Se, como o nota Danto, o sentido de uma metáfora está vinculado ao quadro cultural no qual ela é utilizada, só podemos reavivá-la recons-

---

[20] "A leitura produtiva reinterpreta o texto segundo o arbítrio do receptor, para fazê-lo corresponder a situações e a referentes novos, estando até mesmo disposta a reescrevê-lo parcialmente. [...] A leitura descritiva responde ao modesto, mas ambicioso, objetivo de reconstituir o conteúdo do texto reconstituindo o entorno da comunicação inicial" (F. Rastier, *Sens et textualité*, *op. cit.*, p. 51-52.

[21] *Esthétique*, I, *op, cit.*, p. 62.

tituindo esse quadro[22]. A identificação dos intertextos é, desse ponto de vista, fundamental. O que entender do *Shamela*, de Fielding, se se ignora o *Pamela* de Richardson (do qual o *Shamela* é uma reescrita paródica?) Como ler o *Ulisses*, de Joyce, se não se souber nada de *A Odisseia*? É possível abordar os textos de Beckett sem ter lido Descartes e, *a fortiori*, Geulincx e Berkeley; mas tê-los lido permite apreender melhor o que os textos de Beckett exprimiam na época em que foram escritos.

A identificação do sentido histórico, contudo, não seria capaz de exaurir a análise. O texto literário também (e sobretudo?) extrai seu valor dos conteúdos que antecipa. Uma obra passa para a posteridade quando é capaz de responder a outras questões, além daquelas que eram postas na época de sua criação. Não há dúvida de que é isso que Jauss quer dizer quando faz da recepção o aferidor da história literária[23]. Se o valor de um texto resulta dos saberes não conceitualizados que ele contém, um estudo literário "completo" tem de dar testemunho dessa riqueza cognitiva.

Perseguir o sentido (do bom uso da teoria)

Num plano geral, o recurso a modelos de interpretação exteriores à obra parece indispensável a toda leitura produtiva[24]. Confrontar um texto com uma nova grade de análise faz surgirem conteúdos efetivamente presentes que ainda não tinham sido atualizados. Pensemos naquilo em que se transforma um romance como *Madame Bovary*, a depender de se o submetemos a uma leitura sociológica, psicanalítica, antropológica ou filosófica.

---

22 "Poderia ocorrer que em outros lugares e em outros tempos, a afirmativa 'os homens são porcos' fosse uma metáfora desprovida de qualquer caráter ofensivo, por conta, por exemplo, da raridade ou do valor dos porcos naquela dada cultura" (A. Danto, *La Transfiguration du banal*, *op. cit.*, p. 295). Podemos, tranquilamente, estender essa observação ao conjunto dos enunciados de um texto.

23 Cf. H. R. Jauss, *Pour une esthétique de la réception*. Paris: Gallimard, 1978 [ed. or.: 1972].

24 A força das análises literárias provém exatamente de seu aspecto voluntarista. Visando a um objetivo e possuindo um método, elas se distinguem das leituras espontâneas, frequentemente determinadas por uma pré-compreensão da qual não têm consciência.

É evidente que todo sistema interpretativo vai proceder, na obra, a uma partilha que lhe é própria entre o essencial e o contingente. Não dará atenção aos mesmos componentes no texto de Flaubert quem se interesse pela imagem da vida provinciana na França do século XIX ou quem persegue ali uma declinação da "luta de consciências" em uma ótica hegeliana. Essa limitação inerente a toda leitura não tem nada de redutor. O fato de adotar um ponto de vista sobre o texto não exclui, evidentemente, a possibilidade de outras perspectivas. Mas, como não se pode fazer tudo ao mesmo tempo, somos como que obrigados, em uma situação dada e em função do que está especificamente em jogo, a fazer escolhas. Quando um físico levanta uma hipótese sobre o movimento de um planeta, ninguém deduzirá daí que ele acha que o único "interesse" do planeta em questão seja girar segundo tal trajetória em função de tais parâmetros. Simplesmente, se a hipótese for comprovada, se saberá mais sobre *alguns aspectos* do objeto analisado e sobre o caráter operatório de determinada maneira de abordar o mundo. Se, como M. Charles observa ironicamente, "[se] tem dificuldade em imaginar um 'método' psicanalítico que, aplicado às cegas (ou seja, efetivamente *aplicado*), fosse dar em uma rede de significações não libidinais do texto estudado (mas chegaria, por exemplo, a uma formulação em termos de luta de classe")[25], é simplesmente porque uma resposta só tem sentido relativamente à pergunta feita. Um indivíduo não é apenas um ser biológico, um "animal político", ou um sujeito cultural; mas ninguém se admirará de que um biólogo o analise em termos biológicos, um politólogo, em termos políticos, ou um historiador, em termos históricos. O mesmo acontece quando o objeto de estudo é um texto. O caráter necessariamente circunscrito de toda análise tem, por sinal, um sentido positivo: no quadro de um sistema de referência, um texto diz perfeitamente aquilo que diz (isso porque cada "leitura" ou "interpretação" de um texto é muito mais luminosa do que o texto em si mesmo).

Não se poderia, é claro, deduzir daí que todas as leituras são legítimas. Se é verdade que o comentador não tem outra escolha, exceto

[25] M. Charles, *Introduction à l'étude des textes, op. cit*, p. 46.

"trinchar" no interior do texto uma forma que lhe pareça significativa, esse resto não deixa de ser devedor da realidade factual da obra. "Selecionar" não é nem "inventar", nem "transformar". Ninguém poderá me contradizer se eu contesto uma interpretação de *Em busca do tempo perdido*, fundada na cabeleira morena da duquesa de Guermantes[26]: as leituras baseadas em uma construção objetal equivocada (que se engana a respeito de certas propriedades da obra) não decorrem da análise do texto.

Cada teoria tem, evidentemente, seu próprio modo operatório. Mas, dada a especificidade dos textos literários, parece, *a posteriori*, que todas as abordagens podem tirar proveito das seguintes operações:

A primeira consiste em analisar a forma como expressão autônoma. Vimos que, na obra literária, o sentido (enquanto sintoma) passava essencialmente pelo significante. A análise da escrita é, então, a melhor forma de ir ao encalço dos conteúdos explícitos de uma obra. Poderemos perguntar, por exemplo, qual é a visão de mundo resultante da regra de três unidades na tragédia clássica ou, em outro registro, o que exprime a promoção do fragmento na narrativa contemporânea. O estudo poderá se fundar na arquitetura de conjunto de uma obra, bem como em uma componente particular do texto (retrato, cena, descrição). Nesse segundo caso, estudar o valor expressivo da forma equivale a considerá-la como uma "figura", no sentido que B. Gervais dá a esse termo:

> [...] a figura não existe em si, ela é apenas o resultado de um trabalho, de uma relação, até de uma projeção. Trata-se de uma forma da qual nos apoderamos e que manipulamos. Por essa razão, ela é um signo de grande dinamismo. Ela puxa para si e atrai. Ela é esse algo de que se tem ideia e que, ao mesmo tempo, se inscreve em empreendimentos de entendimento e de interpretação[27].

Um dado textual só se torna *figura* se o leitor fizer dele um signo independente, dotando-o de uma dimensão simbólica. Acrescentemos que

[26] Lembremos que ela é loira.

[27] B. Gervais, *Figures, lectures — Logiques de l'imaginaire*, vol. I. Montréal: Le Quartanier, 2007, p. 31.

a divisão operada deve ser caucionada, *a posteriori*, pelo interesse do sentido identificado.

Uma segunda operação — frequentemente produtiva — consiste em nos interrogar sobre os "lugares de incerteza"[28] de um texto. Podemos defini-los, com J.-L. Dufays, como "unidades de sentido que suscitam a perplexidade do conjunto dos leitores porque elas constituem infrações aos princípios de coerência e de não contradição que regem o desenvolvimento do sentido global"[29]. De fato, é frequentemente nas configurações textuais marcadas pelo fluxo, pela obscuridade e pela ambiguidade que se exprime algo de singular que o autor não controla completamente.

Reportemo-nos, a título de exemplo, ao final de *O vermelho e o negro*. Julien está preso e recebe a visita da Sra. de Rênal. Ele se dirige a ela nos seguintes termos:

> — Saiba que sempre a amei, que só a você amei.
>
> — É bem possível!, exclamou a Sra. de Rênal, feliz por sua vez. Ela se apoiou em Julien, que estava ajoelhado diante dela, e por muito tempo choraram em silêncio.
>
> Em época alguma de sua vida, Julien tivera um momento como aquele. Muito tempo depois, quando puderam se falar [...][30].

A maioria dos críticos preenche a elipse ("Muito tempo depois") do modo seguinte: os personagens estão tão emocionados que palavra alguma pode sair de sua garganta. Mas é possível propor outra leitura: a insistência no caráter excepcional do acontecimento ("Em época alguma de sua vida, Julien tivera um momento como aquele"), o contato físico entre os personagens ("Ela se apoiou em Julien, que estava ajoelhado diante dela") e, sobretudo, a importância da duração ("muito tempo") sugerem muito

[28] A fórmula é de M. Otten (Sémiologie de la lecture, *in*: M. Delcroix e F. Hallyn [orgs.], *Méthodes du texte*. Paris: Duculot, 1990, p. 343).

[29] J.-L. Dufays, *Stéréotype et lecture, op. cit.*, p. 156.

[30] Stendhal, *Le Rouge et le noir*, *in*: *Œuvres romanesques complètes*, tomo I. Paris: Gallimard, 2005, p. 789 [ed. or.: 1830].

claramente uma relação carnal[31]. É por isso que se torna difícil interpretar o final de *O vermelho e o negro* como a tomada de consciência por Julien da negatividade de seu percurso[32]: longe de lamentar seu comportamento passado, o personagem perseveraria na lógica que o levou a esse fim trágico.

Os "lugares de incerteza" estão, finalmente, muito próximos das "disfunções", tais quais definidas por M. Charles. Trata-se das incoerências — tolices ou acidentes combinados — que estão na fonte das diversas interpretações que podemos fazer de um texto: "A disfunção surge como uma condição necessária da dinâmica do texto, o acidente que permite passar de um equilíbrio a outro"[33]. É pelo fato de apresentar objetivamente uma série de dificuldades que um texto autoriza vários investimentos e dá lugar, no decorrer da história, a leituras múltiplas e mutáveis.

Uma terceira abordagem consiste em levar em conta os "resíduos"[34] deixados pelas leituras anteriores, em se concentrar nas propriedades do texto que não combinam com as interpretações resenhadas. Mesmo sendo habitual ler o comportamento de Grange em *Un balcon en forêt* como uma tentativa de "desrealizar" a guerra, de "abrir espaço para si", como dar conta da "distensão" e do "alívio" sentidos pelo personagem quando a batalha se desencadeia?[35]

Nessa busca de conteúdos implícitos, o risco da sobreintepretação é claramente permanente. Por isso é necessário ter proteções.

---

[31] Essa outra leitura, proposta por P. Barbéris em um estudo inédito, é ratificada por Y. Ansel nas notas da edição de La Pléiade: "Em algumas linhas, a leitura [...] de P. Barbéris varre de uma só penada todas essas glosas edulcoradas que gostariam de puxar Julien para a transcendência; entre Julien e a Sra. de Rênal não existe apenas um diálogo de almas, mas encontro de corpos"(*ibid.*, p. 1132). .

[32] Para alguns críticos, em um último retorno sobre si, o herói se daria conta de que o não da revolta é sinônimo do assujeitamento. Ver a notícia de M. Crouzet na edição Garnier--Flammarion de *O vermelho e o negro* (Paris, 1964, p. 28)

[33] M. Charles, *Introduction à l'étude des textes, op. cit.*, p. 167.

[34] Falaremos de "resíduo" quando "o leitor identifica uma ou várias unidades semânticas que não se integram ao sistema de significação que ele desenvolveu" (J.-L. Dufays, *Stéréotype et lecture, op. cit.*, p. 156).

[35] Cf. J. Gracq, *Un balcon en forêt, op. cit.*, p. 237.

Controlar o sentido (as virtudes da coerência)

O desafio dos estudos literários é perseguir sentidos efetivamente presentes, não projetar na obra sentidos que não estão ali. A fronteira pode parecer indefinida; mas ela é essencial, porque separa duas abordagens da literatura. A primeira nega a alteridade do texto ao afirmar que o único interesse que ele tem é aquele que cada leitor lhe dá. A segunda lhe atribui um valor próprio ao aceitar a ideia de que é como outro, exterioridade, que ele tem algo a nos dizer — e não como virtualidade inteiramente assimilável.

Em sua versão mais argumentada, a primeira concepção se inscreve em uma abordagem "retórica"[36] da literatura, que me parece difícil seguir até o fim. Se modificarmos a arquitetura de um texto para propor uma "variante" dele, não teremos mais — isso é fato — o mesmo objeto. É como se descontruíssemos a sé de Olinda, de maneira a obter um monte de tijolos dos quais nos serviríamos para construir outro edifício. Poderíamos considerar essa nova construção como outra versão (possível) da sé de Olinda? Evidente que não: simplesmente teríamos outra criação. No limite, poderíamos conservar apenas as palavras de um texto, servir-nos delas para compor outro texto e pretender que ele estivesse virtualmente contido no primeiro; nesse sentido, todos os textos são textos possíveis do dicionário. O que se perde nesse tipo de abordagem é a *intenção do texto*, isto é, o sentido que, voluntariamente ou não, o texto exprime. O "comentário retórico" vem *in fine* substituir uma obra pela outra: às vezes, se ganha com isso (se o leitor for um

[36] Na teoria dos "textos possíveis", tal como apresentada no *site Fabula*, a retórica é considerada, ao mesmo tempo, como uma "ciência descritiva" (cuja aposta é, na trilha da poética tradicional, mostrar como um texto produz significações) e como uma "técnica produtiva" (que vai dar em reescritas): "A teoria dos textos possíveis [...] vai na contramão dos preconceitos que dominam o exercício do comentário, confrontando esse ou aquele texto 'real' com aquilo que ele poderia ter sido [...]. Trata-se, então, de promover um novo estilo de comentário, que conjuga ao máximo gestos metatextuais e intervenções hipertextuais — de conceber o comentário como a produção de uma variante do texto considerado" <http:/ www.fabula.org/atelier.php?Textes-possibles>.

criador interessante[37]), mas o preço a pagar é sempre a morte da obra original como reservatório de sentido. Como o nota ironicamente Eco, se a intenção da obra não tem importância e se só importar o desejo do leitor, tanto faz explorar com toda a liberdade as irregularidades do asfalto ou os buracos das paredes: não se precisa de texto algum para explorar as "possibilidades de mensagem que a natureza e o acaso põem à [nossa] disposição"[38]. Se a obra tem um interesse, não é tanto enquanto espelho de meu *ego*, mas como objeto que, justamente, resiste a minha reapropriação — porque ela me opõe a uma sensibilidade e a um ponto de vista que não são obrigatoriamente os meus.

Mas, uma vez estabelecido que a função de um texto não é refletir as preocupações do leitor, como distinguir os conteúdos efetivamente presentes dos conteúdos simplesmente projetados? Especialmente no caso de uma leitura "produtiva", que se dedica a conceitualizar em termos que lhe são próprios conteúdos dos quais os contemporâneos do texto não podiam ter consciência?

Para ter certeza de que o sentido identificado está objetivamente presente, é necessário que ele seja caucionado por uma relação de "isomorfismo" com o texto no qual ele se desvela. Tomo emprestado a Wittgenstein[39] o termo "isomorfismo" e o uso (muito livre) que proponho fazer dele é de minha exclusiva responsabilidade. Segundo o autor do *Tractatus*[40], se a linguagem é capaz de representar o mundo, é porque existe uma correspondência entre uma expressão e aquilo que ela exprime. Wittgenstein pensa a linguagem a partir do modelo da imagem:

---

[37] Quando se apoia sobre uma erudição flamejante (como é frequentemente o caso dos pesquisadores do grupo *Fabula*), é certo que "uma meditação ordenada sobre os possíveis hipertextuais de que o texto é portador" não carece de encanto (*cf.* M. Escola e S. Rabau, Inventer la pratique: pour une théorie des textes possibles, *in: La Lecture littéraire*, nº 8, "La case blanche", *op. cit.*, p. 20).

[38] U. Eco, *L' Œuvre ouverte, op. cit.*, p. 134.

[39] Cf. L. Wittgenstein, *Tractatus logico-philosophicus*. Paris: Gallimard, 1993 [ed. or.: 1921].

[40] Lembremos que Wittggenstein não se limitará a essa concepção de linguagem, que pode ser acertadamente considerada como bastante reducionista. Também é preciso levar em conta que se não existissem "pontos comuns" entre a linguagem e a realidade, a linguagem jamais poderia representar a realidade.

para que uma imagem seja imagem de algo, deve haver pontos comuns entre a imagem e aquilo que ela representa. Esses pontos comuns remetem a uma identidade de estrutura: se não temos a menor dificuldade para interpretar o desenho de uma mesa como remetendo a uma mesa (apesar de o desenho de uma mesa e a mesa não terem nem o mesmo volume, nem as mesmas cores, nem o mesmo tamanho etc.), é porque o desenho reproduz, a partir de algumas convenções, a estrutura que é a estrutura do objeto "mesa". A semelhança, então, não é indispensável à relação isomorfa: basta que possamos estabelecer uma correspondência termo a termo entre uma imagem e aquilo a que ela remete. Um exemplo simples é o do mapa rodoviário: a cada ponto do mapa corresponde um lugar; a cada linha, uma rodovia etc. O mapa não se parece com a malha rodoviária de um país, mas reproduz sua estrutura[41].

Uma interpretação só será pertinente se o conteúdo que ela acredita assinalar apresenta uma estrutura recuperável no texto. Essa é a única maneira de mostrar que a obra é (ou poderia ser) um sintoma desse sentido. A título de exemplo, podemos nos referir aos trabalhos de L. Goldmann[42] — trabalhos já antigos (e, atualmente, muito criticados), mas representativos de até onde pode chegar uma abordagem fundamentada na homologia das estruturas. Como o demonstrou o autor do *Dieu caché*, as grandes peças de Racine estão construídas em torno do conflito entre as exigências do herói (que funcionam como um imperativo absoluto) e o mundo (que não lhe permite realizar suas exigências). A tragédia do herói raciniano — tal como a exprimem, entre outras, *Fedra*, *Berenice* ou *Andrômaca* — é que, mesmo detestando o mundo que não responde a suas aspirações, ele é obrigado a viver nele. Ora, essa "estrutura" é recuperada na concepção jansenista (o homem — como determinado por Deus — está condenado a viver em um mundo corrompido e incompatível com a fé) e no olhar desencantado de um grupo político (a nobreza de manto, a despeito de sua hostilidade para

---

[41] Para dar outro exemplo, há isomorfismo entre o molde de uma roupa e a roupa da costureira que resulta do molde. Ver R. Pouivet, L'Esthétique est-elle exprimable?, *in*: *Lire Goodman*, *op. cit.*, p. 117.

[42] Cf. L. Goldmann, *Le Dieu caché*. Paris: Gallimard, 1955.

com a monarquia absoluta que a pôs para escanteio, sabe que não pode existir sem o rei). Existe, portanto, uma relação de "isomorfismo" entre algumas peças de Racine, a visão de mundo jansenista e a situação da nobreza de manto sob Luís XIV.

Interpretar equivale, portanto, a vincular a coerência da obra à coerência das representações que existem fora da obra. Esse critério de "coerência" não é incompatível com a atenção que o intérprete deve dispensar às disfunções. Ao contrário. Não apenas a disfunção só é identificável no horizonte de uma coerência, como convida a buscar uma nova estrutura no seio da qual ele recuperará alguma pertinência[43]. É isso o que vamos verificar na análise de um conto de M. Tournier.

INTERLÚDIO 7

MILAGROSAS FUSÕES

(M. Tournier, "La Mère Noël")

A aldeia de Pouldreuzic conheceria um período de paz? Havia lustros, ela estava dilacerada pela oposição dos clericais e dos radicais, da escola livre dos Irmãos e da comunal laica, do pároco e do professor primário. As hostilidades que tomavam emprestadas as cores das estações viravam iluminura lendária nas festas de fim de ano. A missa do galo ocorria por razões práticas em 24 de dezembro às seis horas da tarde. Na mesma hora, o professor primário, disfarçado de Papai Noel, distribuía brinquedos aos alunos da escola laica. Assim, o Papai Noel se tornava por seus cuidados um herói pagão, radical e anticlerical, e o pároco lhe opunha o Menino Jesus de seu presépio vivo – célebre em todo o cantão – tal como se lança um jorro de água benta na cara do Diabo.

Sim, Pouldreuzic conheceria uma trégua? É que o professor primário, tendo se aposentado, fora substituído por uma professora forasteira, e todo mundo a observava

[43] Isso é muito nítido no "protocolo de leitura" de M. Charles, que propõe um procedimento em quatro tempos: construir uma primeira coerência do texto com base em hipóteses culturais (acerca do autor, da obra, dos gêneros etc.); situar os objetos dos quais ela não dá conta; construir uma segunda coerência ("racional") que avalie os elementos problemáticos; verificar a eficácia dessa última leitura (*Introduction à l'étude des textes, op. cit.*, p. 60-61).

para saber em que banda ela tocava. A Sra. Oiselin, mãe de duas crianças – uma das quais um bebê de três meses –, era divorciada, o que parecia uma garantia de fidelidade laica. Mas o partido clerical triunfou desde o primeiro domingo, quando se viu a nova professora fazer uma entrada nada discreta na igreja.

Os dados pareciam lançados. Não haveria mais árvore de Natal sacrílega na hora da missa da "meia-noite", e o pároco ficaria como único senhor do terreno. Assim, foi grande a supresa quando a Sra. Oiselin anunciou a seus alunos que nada seria mudado na tradição e que o Papai Noel distribuiria seus presentes na hora habitual. De que lado ela estava? E quem faria o papel de Papai Noel? O carteiro e o guarda florestal, em quem todos pensavam em razão de suas opiniões socialistas, afirmavam não estar a par de nada. O assombro chegou ao cúmulo quando se soube que a Sra. Oiselin emprestaria seu bebê ao pároco para fazer o Menino Jesus do presépio vivo.

No princípio, tudo correu bem. O pequeno Oiselin dormia de punhos cerrados quando os fiéis desfilaram diante da manjedoura, de olhos arregalados pela curiosidade. O boi e o burro – um boi de verdade e um burro de verdade – pareciam enternecidos diante do bebê laico tão milagrosamente metamorfoseado em Salvador.

Infelizmente, ele começou a se agitar a partir do Evangelho, e seus urros explodiram no momento em que o pároco subia ao púlpito. Jamais se tinha ouvido uma voz de bebê tão tonitruante. Em vão a mocinha que fazia a Virgem Maria o embalou contra seu seio magro. O fedelho, rubro de raiva, vibrando braços e pernas, fazia as abóbadas da igreja ecoarem seus gritos furiosos, e o pároco não conseguia dizer uma palavra.

Finalmente ele chamou um dos coroinhas e lhe deu uma ordem ao ouvido. Sem tirar a sobrepeliz, o menino saiu, e ouviu-se o ruído de suas galochas diminuir do lado de fora.

Alguns minutos depois, a metade clerical da aldeia, reunida por inteiro na nave, teve uma visão inaudita que se inscreveu para todo o sempre na lenda áurea de todas aquelas redondezas. Viu-se o Papai Noel em pessoa irromper na igreja. Ele se dirigiu com grandes passadas à manjedoura. Em seguida, afastou a grande barba de algodão branco, desabotoou o casaco e estendeu um seio generoso ao Menino Jesus repentinamente apaziguado[44].

A leitura descritiva: um conto didático sobre a guerra das escolas

Uma primeira leitura pode se dedicar a deduzir — com base nos sinais explícitos — o projeto original do texto.

[44] M. Tournier, La Mère Noël, conte de Noël, *in*: *Le Coq de bruyère*. Paris: Gallimard, 1978, p. 27-31.

Conforme indica a definição do gênero, estamos lidando com um "conto de Natal". Espera-se, portanto, encontrar na narrativa as propriedades e os elementos característicos do gênero.

A palavra "conto" remete, geralmente, a um relato curto que põe em cena acontecimentos imaginários. De fato, o início do texto evoca um espaço indeterminado (o nome "Pouldreuzic" é dado sem outra especificação) e a expressão "havia lustros" — recordando o tradicional "era uma vez" — remete à intemporalidade dos contos de fadas. A menção "de Natal" indica que os eventos relatados se desdobrarão nas imediações de 25 de dezembro e que o desfecho será feliz (o período de Natal é propício para "milagres"). Espera-se também encontrar no texto — à escolha ou simultaneamente — as duas grandes referências do conto de Natal: o relato evangélico (o nascimento de Cristo) e o maravilhoso pagão (a vinda do Papai Noel).

Segundo as regras do gênero, o conflito no centro da história se funda numa oposição simples e de enorme legibilidade. A partir da segunda frase, sabemos que ele põe em jogo os laicos e os clericais a propósito da organização e do conteúdo da festa de Natal. A divisão da comunidade social em dois campos se encontra no nível da linguagem. O léxico laico ("radicais", "comunal laica", "professor primário", "razões práticas", "Papai Noel", "herói pagão", "radical", "anticlerical") se opõe claramente ao léxico clerical ("escola livre", "Irmãos", "pároco", "missa do galo", "Menino Jesus", "presépio vivo", "água benta", "Diabo").

Como todo conto, "La Mère Noël" se vincula à tradição popular e à memória coletiva (o conflito ideológico que opõe os dois campos é bem anterior ao início da narrativa e se enraíza na história da Bretanha, ou mesmo na história da França). Marcado pelos valores e pelos códigos da comunidade na qual se inscreve, o texto tem um aspecto didático, senão moral: o desfecho apresenta uma visão tranquilizadora do mundo e transmite uma "lição".

Esse texto se situa, portanto, na linhagem dos contos tradicionais: espelho do homem, ele estigmatiza seus defeitos ao mesmo tempo em que afirma a força de seus ideais. Os moradores de Pouldreuzic, apesar de suas fraquezas, se revelam capazes de ultrapassar suas divergências para refundar sua comunidade numa unidade renovada.

Essa primeira leitura — apoiada nos dados do gênero e no conhecimento da tradição — deixa atrás de si, no entanto, um bom número de *resíduos*.

Um conto de fadas bem realista

Embora rotulado de "conto de Natal", o texto apresenta uma série de óbvias rupturas com as regras do gênero.

Enquanto o conto tradicional assume seu *status* de ficção (os fatos evocados não se situam no universo real), o conflito encenado em nosso texto remete a um episódio histórico conhecido e registrado nos manuais de história: a "guerra das escolas" na Terceira República. Não se faz evasão num outro mundo.

O conto clássico, além disso, se apresenta como um universo autônomo, que não obedece a regras comuns: as princesas podem dormir cem anos, os mortos podem ressuscitar, as vassouras voarem e as abóboras se transformarem em carruagens. Nada disso no texto de Tournier: eventos e personagens respeitam escrupulosamente as leis do mundo real. Nenhum milagre, mas o simples travestimento de uma professora em Papai Noel. Se os moradores da aldeia, verdadeiros tipos sociais, lembram o esquematismo das figuras do conto, a professora — cujo comportamento é, no fim das contas, bastante desnorteador — se apresenta como um personagem relativamente complexo.

Por fim, ao passo que os contos, com o auxílio de marcas como as apóstrofes, as repetições ou as fórmulas convencionais, frequentemente põem em cena sua origem oral, nosso texto não contém nenhum discurso reportado e faz a opção por um nível de língua médio. Os nomes próprios, próximos do trocadilho ("Pouldreuzic", embora existindo no mundo real, evoca *"poudre aux yeux"*, "poeira nos olhos") ou de ressonância simbólica ("Sra. Oiselin" ["passarinho"] evoca a pomba portadora da paz), introduzem uma dimensão humorística, senão irônica, bastante insólita nos contos de fadas.

"La Mère Noël" é, portanto, um conto bastante particular, que poderíamos qualificar de "deslocado". É o que a análise das estruturas vai nos confirmar.

A forma como expressão: o desejo de fusão

Vimos que, conforme às leis do gênero, o relato se apoiava numa oposição nítida, que dividia os personagens em dois campos: os "radicais" e os clericais. Uma leitura mais atenta mostra, contudo, que a divisão religiosa não constitui — longe disso — a única oposição do texto. Graças à Sra. Oiselin, de fato, se reconciliaram não só o laico e o clerical (a professora comparece à missa), mas também o maravilhoso e o sagrado (Papai Noel convive na manjedoura com o Menino Jesus), o mundo dos adultos e o mundo das crianças (o pequeno Oiselin participa da missa do galo), o masculino e o feminino (Papai Noel estende "um seio generoso"), a Virgem Maria e Papai Noel (a fórmula "Mamãe Noel" condensa as duas referências).

O milagre de Natal, portanto, ocorre, sim: a professora, figura do "salvador providencial", senão do "messias", traz a paz. Mas essa paz não passa pela vitória de um dos dois campos em presença: ela se realiza através da fusão dos contrários que se declina em diferentes níveis.

Essa estrutura geral leva a negligenciar a dimensão propriamente ideológica do conflito para considerar somente o princípio de uma superação dos contrários na unidade recuperada. Todas as oposições parecem postas para serem anuladas.

Uma vez trazida à luz essa configuração, podemos escolher uma grade de leitura para interpretá-la.

A leitura produtiva

Recorde-se que os textos de Tournier (entre os quais *Le Roi des Aulnes* e *Vendredi ou Les Limbes du Pacifique*) representam uma nova orientação literária depois do período do *"nouveau roman"*: um retorno aos relatos tradicionais, mais providos de desafios filosóficos. A obra do autor se caracteriza, ademais, pela recorrência de figuras fantasmáticas e de cenários imaginários bem circunscritos. Escolheremos, assim, ler esse texto de um ponto de vista filosófico e numa perspectiva psicanalítica.

- Leitura filosófica: impasses da modernidade

Entre as oposições que estruturam o texto, há, como se viu, a da razão e do sagrado. Ela se manifesta no nível da enunciação (o texto oscilando entre o gênero realista e o conto de fadas) e no nível da história (em que se enfrentam o racionalismo positivista dos leigos e a fé religiosa do partido clerical).

Essa ideia de um fratura consecutiva ao enfraquecimento do sentimento religioso está no âmago da definição da "modernidade". A partir do momento em que o homem, pensando o mundo, o põe à distância, ele o coloca como exterior a si mesmo. Se a razão lhe permite melhor compreender o real, o vínculo íntimo que o unia à natureza se distende. É essa constatação que explica que se faça por vezes remontar a modernidade a Descartes. Numa acepção mais restrita[45], a modernidade remete a um conjunto de textos escritos na primeira metade do século XX (entre outros, os de Proust, Musil, Mann e Joyce) que tematizam a dúvida epistemológica (não existe mais sentido seguro) e axiológica (não há mais valor seguro).

Qualquer que seja a cronologia considerada, o importante é que a modernidade é sempre percebida como divórcio, fragmentação. Com ela, entramos num mundo em que a unidade se dissolveu, em que o todo cedeu lugar à autonomia das partes. Diante disso, a literatura busca trazer, com nostalgia e sem certeza, uma resposta ao caos: ela tenta, com os meios de que dispõe, restituir um fundamento unitário e racional aos fragmentos dispersos do mundo. O texto de Tournier parece inscrever-se nessa perspectiva: mostrando que se pode celebrar ao mesmo tempo Papai Noel e Cristo, o "herói radical" e a figura divina, ele encena a impossível reconciliação da razão e do sagrado.

Um dos desafios do texto, portanto, é figurar uma utopia: a de um mundo sem fraturas em que o homem, reconciliado consigo mesmo, reencontraria a relação plena e íntima que, nos primeiros tempos, o unia ao todo. Ora, não há nada como o mito — relato coletivo e fundador — para reconciliar o homem com o universo.

Mas o mito, na época moderna, não pode se deixar enganar inteiramente por si mesmo. É isso que atesta o jogo do texto com as convenções do gênero. Segundo os folcloristas, o conto, gênero popular, teria nascido do esquecimento progressivo do caráter religioso dos relatos míticos ou épicos: ele nos introduz num universo encantado, mas "dessacralizado". Ora, a religião — em princípio, "esquecida" pelo conto — está no centro de "La Mère Noël"; não se trata de esvaziá-la em prol do maravilhoso, mas de reinseri-la numa visão unitária do mundo. Esse gênero "dessacralizado" que é o conto assume assim, em Tournier, um função de ressacralização. Por isso, a figura principal — a Sra. Oiselin — recupera o *status* do herói épico, cuja função primeira é encarnar a comunidade. A bem da verdade, ela faz mais do que encarná-la: ela a recria.

---

[45] Cf. B. Mac Hale, *Postmodernist Fiction*. Londres-New York: Methuen, 1987; A. Kibédi Varga, Le récit postmoderne. *Littérature, 77*, 1990; I. Korthals-Altes, *Le Salut par la fiction?* Amsterdam: Rodopi, 1992.

Vê-se por aí que, a despeito do título e da especificação de gênero, Tournier se refere a uma tradição que é menos a do conto de Natal e mais a do conto filosófico do século XVIII. Na esteira de Swift ou de Voltaire, ele utiliza o conto como suporte de uma reflexão crítica e de uma pintura satírica da sociedade.

- Leitura psicanalítica: o desejo de regressão

No plano psicanalítico, essa vontade de superar as oposições, de abolir as diferenças, exprime claramente o medo da alteridade. O mundo sonhado por Tournier é um mundo sem divisões e sem conflitos, um mundo do mesmo, onde nada distingue o eu dos outros. Trata-se de recuperar a felicidade perdida da fusão original, de retornar aos tempos arcaicos da indistinção em que a criança e a mãe eram um só.

Se admitimos que a entrada do sujeito no universo social começa com o acesso à linguagem, isto é, com a assimilação de um sistema simbólico fundado nas diferenças, esse fascínio pelo mesmo remete a um desejo de regressão. O que o texto exprime com força é a dificuldade de renunciar à magia da infância. Observe-se, aliás, que a recusa da diferença é também a da diferença dos sexos: a figura da "Mamãe Noel" condensa, ao embaralhá-las, as categorias do feminino e do masculino. Esse texto é um conto de Natal porque representa uma aspiração utópica, cuja realização, com efeito, seria da ordem do milagre: negar o simbólico para retornar a um mundo inteiramente submetido ao imaginário.

Encontraríamos com facilidade na biografia de Tournier elementos que sustentam essa leitura (baseando-nos sobretudo no que o próprio autor confia de sua infância e de sua relação com as figuras paterna e materna[46]). Mas um simples desvio pelo intertexto tournieriano é suficiente. Em muitos outros textos do autor, encontra-se, de fato, sempre conotada positivamente, a figura do Adão andrógino. Esse ser original, ao mesmo tempo homem, mulher e criança, encarna, na fantasmática tournieriana, um ideal de autossuficiência e de unidade. Como exprime o mito de Aristófanes no *Banquete* de Platão, a infelicidade começa com a cisão, quando o eu único explode em duas pessoas. É por isso que o personagem da "Mamãe Noel" é eminentemente positivo: figura da androginia, representa a anulação da diferença sexual e a fusão do mesmo e do outro. Esse questionamento infantil das divisões que estruturam o mundo se deixa ler também no alegre

[46] Ver, em particular, *Le Vent Paraclet*. Paris: Gallimard, 1977.

"desvio" da narrativa: na cultura ocidental, a presença do Papai Noel na igreja é provocadora, a feminização do Papai Noel, subversiva, e a condensação do Papai Noel e da Virgem Maria, dessacralizadora. A recusa da alteridade em prol de um retorno ao mesmo se inscreve num questionamento jubilatório da norma.

CONCLUSÃO

Ao termo desta reflexão, esperamos ter conseguido demonstrar que a literatura tem um valor específico, que confere legitimidade aos estudos literários.

O confronto com as obras — isso é o mais evidente — enriquece nossa existência. Ao abrir o campo dos possíveis, lembrando que as coisas poderiam ser diferentes daquilo que são, os textos, para retomar uma fórmula de Goodman, "participam da organização e da reorganização da experiência, logo, da produção e da reprodução de nossos mundos"[1]. Comentar é atualizar as relações entre a obra e os componentes de nosso universo cultural, no duplo plano sincrônico (o texto é portador de saberes que estruturam nossas representações) e diacrônico (o texto se inscreve em um legado, que ele transmite e reavalia).

Os estudos literários também favorecem o espírito crítico. Lembremos que, em uma obra, as ideias, os valores, a visão de mundo são objeto de uma leitura distanciada por duas razões essenciais.

---

[1] *L'Art en théorie et en action, op. cit.*, p. 105. Para quem prefere a formulação mais radical de F. Vernier, a arte (logo, a literatura) permite-nos apenas "escapar das leis da adaptação passiva ao meio", desempenhando assim um papel essencial na hominização (*L'Ange de la théorie, op. cit.*, p. 62).

Por um lado, a distância entre o contexto de escrita e os contextos de recepção tem como efeito "despragmatizar" o conteúdo. Por outro, o contrato de leitura, ficcional e literário, impede de considerar as obras como discursos de "primeiro grau". O sentido expresso é sempre percebido com relativa distância.

O terceiro interesse dos estudos de letras é solicitar, reforçando-as, nossas capacidades de análise e de reflexão. Que nos inclinemos sobre os sentidos veiculados (hermenêutica) ou sobre o dispositivo formal que os produz (retórica), a leitura literária supõe um trabalho ativo e dinâmico sobre o texto[2].

Em quarto lugar, a literatura favorece a liberdade de juízo. Num plano geral, como o notava Kant, o sentimento estético nos remete a nosso estatuto de sujeitos livres[3]. No que se refere à literatura propriamente dita, vimos que por causa do privilégio concedido à representação, o leitor é sempre levado a um trabalho intelectual para chegar à ideia, que nunca é óbvia: ela só pode ser inferida daquilo que se lê. Dessa maneira, o leitor conserva certa liberdade com relação ao sentido. Shusterman tem razão quando afirma que "a verdadeira potência metaética e especificamente literária de uma obra é [...] sua existência no seio de uma instituição cuja razão de ser é a prática hermenêutica livre"[4]. Mas é preciso acrescentar que essa "prática hermenêutica livre" não se explica exclusivamente pela instituição: ela só é possível por conta da pluralidade de conteúdos *estruturalmente inscritos* na obra literária.

Por fim, e mais fundamentalmente, o valor dos textos literários é resultante da natureza e da originalidade dos saberes que eles veiculam.

---

2 Como o nota C. Elgin, "[a] contribuição cognitiva [da literatura] pode consistir em aumentar o repertório conceitual que temos, em afinar seu poder de distinguir, em aguçar sua capacidade de reconhecer, sintetizar, reorganizar etc." (Comprendre: l'art et la science, art. cit., p. 65-66).

3 A satisfação experimentada diante de uma obra de arte ou de um espetáculo natural não é restringida pelo objeto, mas depende inteiramente do sujeito. Ora, a possibilidade de julgar sem determinações externas é a própria definição da liberdade. O que existe de universal na relação estética é a faculdade de julgar livremente. A famosa fórmula "é belo aquilo que agrada universalmente sem conceito" pode, então, ser entendida como "universalmente, é belo aquilo que agrada sem conceito".

4 *Hard Times*, une éthique de la lecture, *op. cit.*, p. 296.

A literatura, pela liberdade que a funda, exprime conteúdos diversos, essenciais e secundários, evidentes e problemáticos, coerentes e contraditórios, que frequentemente antecipam os conhecimentos vindouros[5]. Em cada época, textos estranhos e atípicos nos mostram (ou nos lembram) que o ser humano continua sendo um universo com vasta extensão a explorar.

[5] Esse saber não conceitual é, como o nota M. Kundera, tão importante quanto o saber científico: "Não podemos [...] julgar o espírito de um século exclusivamente segundo suas ideias, seus conceitos teóricos, sem levar em conta a arte e, especialmente, o romance. O século XIX inventou a locomotiva, e Hegel estava convencido de ter apreendido o próprio espírito da história universal. Flaubert descobriu a imbecilidade. Ouso dizer que aqui está a maior descoberta de um século tão orgulhoso de sua razão científica" (M. Kundera, *L'Art du roman*, *op. cit.*, p. 195-196).

REFERÊNCIAS BIBLIOGRÁFICAS

ADORNO, Theodor W., *Théorie esthétique* (1970). Paris: Klincksieck, 1989.

BAKHTIN, M., Problème du contenu, du matériau et de la forme dans l'œuvre littéraire (1924), *in*: *Esthétique et théorie du roman*. Paris: Gallimard, 1978.

BARTHES, R., *Critique et vérité*. Paris: Seuil, 1966.

______., *Nouveaux essais critiques*. Paris: Seuil, 1972.

______., Introduction à l'analyse structurale des récits, *in*: R. Barthes *et al.*, *Poétique du récit*. Paris: Seuil, 1977.

______., *Leçon*. Paris: Seuil, 1978.

______., *L'Obvie et l'obtus*. Paris: Seuil, 1982.

CHARLES, M., *Introduction à l'étude des textes*. Paris: Seuil, 1995.

CITTON, Y., *Lire, interpréter; actualiser: pourquoi les études littéraires*? Paris: Éditions Amsterdam, 2007.

COMPAGNON, A., *Le Démon de la théorie*. Paris: Seuil, 1998.

DANTO, A., *La Transfiguration du banal* (1981). Paris: Seuil, 1989.

DERRIDA, J., *De La Grammatologie*. Paris: Minuit, 1967.

DESCOMBES, V., *Proust: philosophie du roman*. Paris: Minuit, 1987.

DUFAYS, Jean-Louis, *Stéréotype et lecture*. Liège: Mardaga, 1994.

ECO, U., *L'Œuvre ouverte* (1962). Paris: Seuil, 1965.

______., *Les Limites de l'interprétation* (1990). Paris: Grasset, 1992.

ELGIN, C., Comprendre: l'art et la science, *in*: R. Pouivet (org.), *Lire Goodman*. Combas: Éditions de l'Éclat, 1992.

ESCARPIT, R., *Le Littéraire et le social*. Paris: Flammarion, 1970.

ESCOLA, M. e RABAU, S., Inventer la pratique: pour une théorie des textes possibles. *La Lecture littéraire*, n° 8, "La case blanche". Reims: Centre de Recherche sur la Lecture Littéraire, 2006.

FISH, S., *Quand lire c'est faire. L'autorité des communautés interprétatives* (1980 e 1995). Paris: Les Prairies ordinaires, 2007.

GENETTE, G., *L'Œuvre de l'art: immanence et transcendance*. Paris: Seuil, 1994.

______., *L'Œuvre de l'art: la relation esthétique*. Paris: Seuil, 1997.

______., *Fiction et diction*. Paris: Seuil, 2004.

GERVAIS, B., *Figures, lectures: logiques de l'imaginaire*, vol. I. Montréal: Le Quartanier, 2007.

GIRARD, R., *Mensonge romantique et vérité romanesque*. Paris: Grasset, 1961.

GOLDMANN, L., *Le Dieu caché*. Paris: Gallimard, 1955.
GOODMAN, N., *Langages de Vart* (1968). Nîmes: Jacqueline Chambon, 1990.
______., *L'Art en théorie et en action* (1984). Combas: Éditions de l'Éclat, 1996.
HEGEL, G. W. F., *Esthétique*. Paris: Le Livre de poche, 1997 [ed. or.: 1818-1829].
HIRSCH, E. D., *Validity in Interpretation*. New Haven: Yale University Press, 1967.
JAKOBSON, R., La nouvelle poésie russe (1919), *in*: *Huit Questions de poétique*. Paris: Seuil, 1977.
______., *Essais de linguistique générale*. Paris: Minuit, 1963.
JAUSS, H. R., *Pour une esthétique de la réception* (1972). Paris: Gallimard, 1978.
JEANNELLE, J.-L., Valeur et littérature: le point aveugle de la théorie, *in*: *La Lecture littéraire*, n° 8, "La case blanche", *op. cit.*
KANT, E., *Critique de la faculté de juger*. Paris: Vrin, 1993 [ed. or.: 1790].
KUNDERA, M., *L'Art du roman*. Paris: Gallimard, 1986.
______., *Les Testaments trahis*. Paris: Gallimard, 1993.
LARSSON, B., La tentation référentielle et le langage de fiction. *Perles*, Université de Lund, n° 13, 2002.
LORIES, D. (org.), *Philosophie analytique et esthétique*. Paris: Klincksieck, 2004.
MARGOLIS, J., La spécificité ontologique des œuvres d'art (1980), *in*: LORIES, D. (org.), *Philosophie analytique et esthétique*. Paris: Klincksieck, 2004.
MORIZOT, J., Eloge de la construction, *in*: POUIVET, R. (org.), *Lire Goodman*. Combas: Éditions de l'Éclat, 1992.
OTTEN, M., Sémiologie de la lecture, *in*: M. Delcroix e F. Hallyn (orgs.), *Méthodes du texte*, Paris: Duculot, 1990.
PAVEL, T., *Univers de la fiction*. Paris: Seuil, 1988 [ed. or.: 1986].
______., *La Pensée du roman*. Paris: Gallimard, 2003.
POUIVET, R. (org.), *Lire Goodman*. Combas: Éditions de l'éclat, 1992.
______., L'esthétique est-elle inexprimable?, *in*: POUIVET, R. (org.), *Lire Goodman*. Combas: Éditions de l'éclat, 1992.
POULET, G., *La Pensée indéterminée*. Paris: PUF, 1985.
RASTIER, F., *Sens et textualité*. Paris: Hachette, 1989.
ROCHLITZ, R., *L'Art au banc d'essai: esthétique et critique*. Paris: Gallimard, 1998.
SCARPETTA, G., *L'Age d'or du roman*. Paris: Grasset, 1996
SCHAEFFER, J.-M., *L'Art de l'âge moderne. L'esthétique et la philosophie de l'art du* XVIIIe *siècle* à *nos jours*. Paris: Gallimard, 1992.
______., *Les Célibataires de l'art: pour une esthétique sans mythes*. Paris: Gallimard, 1996.
______., *Pourquoi la fiction*? Paris: Seuil, 1999.
______., *Adieu a l'esthétique*. Paris: PUF, 2000.
SCHLEIERMACHER, F. D. E., *Herméneutique* (1805-1829). Paris: Le Cerf, 1989.
SCHUEREWEGEN, F., Le début et la fin de l'art: sur Arthur Danto. *Poétique*, n° 147, 2006.
SEARLE, J. R., *Sens et expression*. Paris: Minuit, 1982 [ed. or.: 1979].
______., *L'Intentionnalité: essai de philosophie des états mentaux*. Paris: Minuit, 1985 [ed. or.: 1983].
SHUSTERMAN, R., *Hard Times*, une éthique de la lecture. *Études anglaises*. Paris: Klincksieck, tomo 55, jul.-set. 2002.
SPITZER, L., *Études de style*. Paris: Gallimard, 1970.
SULEIMAN, S., *Le Roman à thèse ou l'autorité fictive*. Paris: PUF, 1983.
TODOROV, T., *Qu'est-ce que le structuralisme?*, tomo II, Poétique. Paris: Seuil, 1968.
______., *Critique de la critique*. Paris: Seuil, 1984.
VERNIER, F., *L'Ange de la théorie*. Montréal : Publications du Département d'Études Françaises de l'Université de Montréal, 2004.
WITTGENSTEIN, L., *Tractatus logico-philosophicus*. Paris: Gallimard, 1993 [ed. or.: 1921].
WEITZ, M., Le rôle de la théorie en esthétique (1956), *in*: LORIES, D. (org.), *Philosophie analytique et esthétique*. Paris: Klincksieck, 2004.

Esta obra foi composta em Queens Park 11/16 e Aldus Roman 10,5/15
e impressa em papel Avena 80g
para a **Parábola Editorial** em março de 2026.

Impressão e acabamento:
Colorsystem